inovação em pro-
dutos e
serviços

O selo DIALÓGICA da Editora InterSaberes faz referência às publicações que privilegiam uma linguagem na qual o autor dialoga com o leitor por meio de recursos textuais e visuais, o que torna o conteúdo muito mais dinâmico. São livros que criam um ambiente de interação com o leitor – seu universo cultural, social e de elaboração de conhecimentos –, possibilitando um real processo de interlocução para que a comunicação se efetive.

inovação em pro-
dutos e
serviços

Marcia Valéria Paixão

EDITORA
intersaberes

Rua Clara Vendramin, 58 . Mossunguê
CEP 81200-170 . Curitiba . PR . Brasil
Fone: (41) 2106-4170
www.intersaberes.com
editora@editoraintersaberes.com.br

Conselho editorial Dr. Ivo José Both (presidente); Dra. Elena Godoy; Dr. Nelson Luís Dias; Dr. Neri dos Santos; Dr. Ulf Gregor Baranow

Editora-chefe Lindsay Azambuja

Supervisora editorial Ariadne Nunes Wenger

Analista editorial Ariel Martins

Capa – Denis Kaio Tanaami; Mayra Yoshizawa (*design*); Fotolia (*imagem*)

Projeto gráfico Bruno Palma e Silva

Dados Internacionais de Catalogação na Publicação (CIP)
(Câmara Brasileira do Livro, SP, Brasil)

Paixão, Marcia Valéria
 Inovação em produtos e serviços/Marcia Valéria Paixão. Curitiba: InterSaberes, 2014. (Série Marketing Ponto a Ponto).

 Bibliografia.
 ISBN 978-85-443-0104-3

 1. Administração mercadológica 2. Competitividade 3. Estratégia 4. Inovação 5. Marketing – Administração 6. Mercado-alvo I. Título. II. Série.

14-10855   CDD-658.802

Índices para catálogo sistemático:
1. Inovação em produtos e serviços: Marketing: Administração mercadológica   658.802

1ª edição, 2014.

Foi feito o depósito legal.

Informamos que é de inteira responsabilidade da autora a emissão de conceitos.

Nenhuma parte desta publicação poderá ser reproduzida por qualquer meio ou forma sem a prévia autorização da Editora InterSaberes.

A violação dos direitos autorais é crime estabelecido na Lei n. 9.610/1998 e punido pelo art. 184 do Código Penal.

sumário

apresentação, 7

introdução, 11

como aproveitar ao máximo este livro, 17

capítulo 1
desenvolvimento de novos produtos
21

Alternativas, 24

Perguntas e respostas, 25

Competências, 26

Recursos para o desenvolvimento do produto, 27

Perguntas e respostas, 28

Prazos para o desenvolvimento, 28

Ciclo de vida do novo produto, 29

Posição atual no mercado, 33

Perfil do mercado, 33

Imagem da marca, 36

Capacidade de exploração do mercado, 38

Logística, 39

Portfólio de clientes atuais, 41

capítulo 2
produtos e serviços
47

Estratégias de produtos, 50

Classificações dos produtos, 62

Serviços, 64

capítulo 3
novos produtos e serviços
73

Estágios para o desenvolvimento de novos produtos e serviços, 75

Colocando em prática: BMG e *Design Thinking*, 105

capítulo 4
outros aspectos dos produtos
119

Produtos para mercados internacionais, 120

Produtos socioambientais, 127

capítulo 5
plano de marketing para novos produtos
135

Análise da situação de marketing da empresa, 136

Objetivos, 136

Público-alvo, 137

Diferenciação e posicionamento, 138

Produto ou serviço, 138

Preço, 138

Ponto de venda, 143

Comunicação integrada, 145

Pessoas, 155

Plano de ação, 159

Orçamento ou *budget*, 160

Controle e acompanhamento, 163

para concluir..., 171
referências, 173
respostas, 181
sobre a autora, 183

apresentação

A acirrada concorrência presente nos atuais mercados, somada às demandas dos consumidores e seu poder de escolha, vem forçando as empresas a buscar elevação dos níveis de qualidade dos produtos e ainda reduzir seus custos. Nesse sentido, o investimento em inovação para o lançamento de novos produtos e serviços ou em renovação dos existentes vem sendo uma das formas de garantir a sobrevivência e abrir novos espaços no mercado.

Vemos, assim, que a competitividade e a sobrevivência estão relacionadas ao desenvolvimento de novos produtos e processos de trabalho que atendam às necessidades dos mercados, contexto em que as organizações devem ser capazes de oferecer produtos e serviços que superem as expectativas dos consumidores.

Isso exige um conhecimento mercadológico por parte das empresas que as auxilie a identificar oportunidades de ofertas que lhes tragam vantagem sobre a concorrência, em uma relação direta de competitividade com a inovação. Assim, o processo de desenvolvimento de novos produtos e serviços surge como diferencial para o alcance desses propósitos.

Esta obra tem por objetivo discutir as questões mercadológica e estratégica do desenvolvimento de novas ofertas para o mercado. Trabalhando com os conceitos do *mix* mercadológico, abrange desde o entendimento do processo de desenvolvimento de um novo produto ou serviço até a estratégia de seu lançamento. Aborda também a importância da inovação para as empresas no atual ambiente competitivo e o conhecimento das competências essenciais (*core competences*) que as auxiliam no processo de adaptação às turbulências que esse novo momento impõe.

Aliado ao setor de pesquisa e desenvolvimento em grandes empresas ou em parcerias de pequenas e microempresas, o marketing tem o objetivo de criar estratégias para novos produtos e serviços ou inovar os existentes e adaptá-los aos recursos e às habilidades empresariais, buscando crescimento e maior rentabilidade.

Para tanto, é preciso entender as reais tarefas do profissional de marketing que se direciona ao caminho da identificação de novas oportunidades de negócios, à segmentação, à seleção de mercados e à preocupação com o ciclo de vida dos atuais produtos existentes na empresa e com as competências exigidas nesse ambiente.

Peter Drucker, em 1968, mencionou que uma empresa é, basicamente, inovação e marketing. Nesse sentido, este livro busca auxiliar o leitor no entendimento da inovação em produtos e serviços como fonte de competitividade nos dias atuais.

Assim, no primeiro capítulo trataremos do desenvolvimento de novos produtos e dos fatores indispensáveis ao desenvolvimento de estratégias que permitam ofertas de valor. No segundo capítulo, apresentaremos os conceitos de *produtos* e *serviços*, bem como as estratégias para seu desenvolvimento. No terceiro capítulo, veremos a classificação dos produtos e serviços para compreendermos o processo de geração de ideias e as formas de criação de estruturas organizacionais que apoiem o processo de desenvolvimento de novos produtos. No quarto capítulo, discutiremos as formas de internacionalização de produtos e, ainda, a questão socioambiental como fonte de inovação. Com base nesses conceitos, o quinto capítulo pretende auxiliar-nos, por fim, a elaborar planos de marketing para novos produtos.

introdução

A expectativa em relação às novidades tem diminuído a fidelidade dos consumidores em relação às marcas. Isso torna os mercados mais competitivos, diminui o ciclo de vida dos produtos e obriga as empresas a serem mais rápidas no processo de inovar suas ofertas. Para Schumpeter (1997), a inovação é o diferencial para a sustentabilidade das organizações, permitindo-lhes competir.

Joseph Alois Schumpeter (1883-1950) foi um dos mais importantes economistas da primeira metade do século XX. Para ele, a inovação é o motivo do processo de expansão da economia, pois causa um desequilíbrio no mercado e é introduzida por um empreendedor.

Mas a inovação, ou o Desenvolvimento de Novos Produtos (DNP) e serviços, ou mesmo daqueles já existentes, é uma tarefa que exige algumas decisões estratégicas. Na inovação está a garantia da sobrevivência da empresa, pois busca manter a organização no mercado em que atua e está relacionada não somente a produtos. Com o intuito de manter-se competitiva, a organização também pode inovar: a) em processos, como no desenvolvimento de novos meios de fabricação de produtos; b) em negócios, como na atuação em novos segmentos; e c) em seus modelos de gestão, como na implantação de estruturas de liderança.

Como o objetivo desta obra é abordar o desenvolvimento de produtos e serviços, vamos iniciar com algumas perguntas que as empresas devem estar aptas a responder:

» Os produtos e os serviços atualmente oferecidos estão atendendo às necessidades e aos desejos de determinado mercado-alvo?
» As pesquisas apontam que não há novas tendências?
» Há mudanças na atitude dos seus consumidores?
» As atividades dos concorrentes representam ameaça ao seu negócio?
» O planejamento de marketing da empresa está sendo acompanhado e controlado de maneira eficaz?
» A instituição tem mantido sua parcela de mercado?

Se a resposta implicar uma situação negativa para a empresa em pelo menos uma das perguntas, está na hora de inovar mediante ação que é definida a partir da identificação de uma oportunidade ou uma ameaça. Não significa uma grande ideia, mas sim a transformação de um problema detectado no mercado em uma solução. É a habilidade em desenvolver produtos novos em resposta às necessidades dos clientes ou antecipar-se a elas. Esse processo pode ter um caráter radical ou de ruptura (os atributos são totalmente novos) ou incremental (a *performance* é aumentada).

Os itens a seguir trazem uma classificação de Schumpeter (1982) para as principais formas de inovação:

» Um produto não existente.
» Um novo método de produção por meio de uma nova descoberta científica.
» A abertura de um novo mercado.
» Uma nova fonte de matéria-prima.
» Uma nova organização, como a conquista de uma posição de monopólio.

Engel, Blacwell e Miniard (2000, p. 562-563) dividem a inovação em três tipos:

a. *Contínua: modifica produtos já existentes, mas sem quebrar os padrões de utilização preestabelecidos pelo consumidor. Exemplo: alterar o design das lanternas do carro Gol (essas inovações são as mais bem-sucedidas).*

b. *Dinamicamente contínua: também não altera os padrões, mas possui um impacto maior. Exemplo: alterar o design das lanternas e ainda estabelecer somente câmbio automático nos veículos Gol.*

c. *Descontínua: um produto totalmente novo que altera todo e qualquer padrão de utilização por parte do consumidor. Exemplo: lançar outro veículo em substituição ao Gol.*

O processo de inovação em uma empresa está

relacionado ao monitoramento das necessidades do mercado e à disposição em mudar continuamente para atender a demandas instáveis. É um processo de adaptação contínua, buscando superar os concorrentes e exigindo a quebra de padrões estabelecidos.

A Organização para a Cooperação e Desenvolvimento Econômico (OCDE) editou, em 1990, o chamado *Manual de Oslo* – cuja primeira tradução no Brasil foi feita em 2004 pela Agência Brasileira da Inovação (Finep), vinculada ao Ministério da Ciência, Tecnologia e Inovação – com o objetivo de padronizar conceitos e metodologias de pesquisa e desenvolvimento dos países industrializados.

Segundo esse manual, os modelos de inovação seguem a definição de Schumpeter (1982) e classificam-se em *inovações tecnológicas* (novos produtos ou processos ou melhorias daqueles já existentes) e *inovações não tecnológicas* (novas formas de gestão que tragam significativa melhoria do desempenho organizacional).

Com relação a produtos e serviços, o Manual de Oslo atribui especial importância à transferência de conhecimentos e informações por meio da cooperação entre as organizações e define a inovação em produtos da seguinte forma:

Um produto tecnologicamente novo é aquele cujas características tecnológicas ou usos pretendidos diferem daqueles dos produtos produzidos anteriormente. Tais inovações podem envolver tecnologias radicalmente novas, podem basear-se na combinação de tecnologias existentes em novos usos, ou podem ser derivadas do uso de novo conhecimento [...].

Produto tecnologicamente aprimorado – um produto existente cujo desempenho tenha sido significativamente aprimorado ou elevado. Um produto simples pode ser aprimorado (em termos de melhor desempenho ou menor custo) através de componentes ou materiais de desempenho melhor, ou um produto complexo que consista em vários subsistemas técnicos integrados pode ser aprimorado através de modificações parciais em um dos subsistemas. (OCDE, 2004, p. 55)

valor. Logo, a inovação deve começar pelo modelo de gestão adotado, ganhando um caráter colaborativo, ao que se convencionou chamar de *inovação aberta* – uma forma de inovar na qual a empresa abre suas portas para as ideias que estão fora de seus domínios. Assim, além do lançamento de produtos inovadores, é preciso ir além e inovar em processos que sustentem novas ofertas a longo prazo.

De qualquer maneira, é preciso entender que nem sempre uma inovação é desenvolvida dentro da própria empresa. Ela também nasce do envolvimento da empresa com parceiros como universidades, fornecedores e consumidores, na busca de agregação de

como aproveitar ao máximo este livro

Este livro traz alguns recursos que visam enriquecer o seu aprendizado, facilitar a compreensão dos conteúdos e tornar a leitura mais dinâmica. São ferramentas projetadas de acordo com a natureza dos temas que vamos examinar. Veja a seguir como esses recursos se encontram distribuídos no decorrer desta obra.

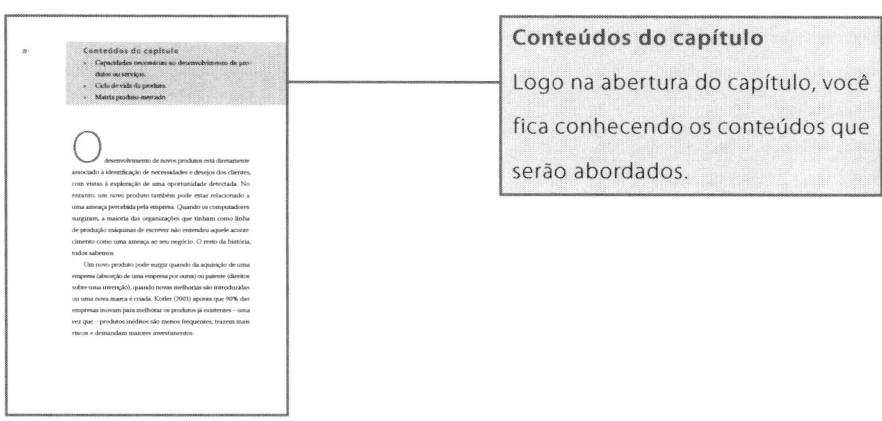

Conteúdos do capítulo

Logo na abertura do capítulo, você fica conhecendo os conteúdos que serão abordados.

Estudo de caso

Esta seção traz ao seu conhecimento situações que vão aproximar os conteúdos estudados de sua prática profissional.

Síntese

Você dispõe, ao final do capítulo, de uma síntese que traz os principais conceitos abordados.

Questões para revisão

Com estas atividades, você tem a possibilidade de rever os principais conceitos analisados. Ao final do livro, a autora disponibiliza as respostas às questões, a fim de que você possa verificar como está sua aprendizagem.

Perguntas e respostas

Nesta seção, o autor responde a dúvidas frequentes relacionadas aos conteúdos do capítulo.

Para saber mais

Você pode consultar as obras indicadas nesta seção para aprofundar sua aprendizagem.

capítulo 1
desenvolvimento de novos produtos

Conteúdos do capítulo

» Capacidades necessárias ao desenvolvimento de produtos ou serviços.
» Ciclo de vida do produto.
» Matriz produto-mercado.

O desenvolvimento de novos produtos está diretamente associado à identificação de necessidades e desejos dos clientes, com vistas à exploração de uma oportunidade detectada. No entanto, um novo produto também pode estar relacionado a uma ameaça percebida pela empresa. Quando os computadores surgiram, a maioria das organizações que tinham como linha de produção máquinas de escrever não entendeu aquele acontecimento como uma ameaça ao seu negócio. O resto da história, todos sabemos.

Um novo produto pode surgir quando da aquisição de uma empresa (absorção de uma empresa por outra) ou patente (direitos sobre uma invenção), quando novas melhorias são introduzidas ou uma nova marca é criada. Kotler (2001) aponta que 90% das empresas inovam para melhorar os produtos já existentes – uma vez que produtos inéditos são menos frequentes, trazem mais riscos e demandam maiores investimentos.

O papel do Departamento de Marketing diante dessas decisões está ligado ao pacote de atributos a ser oferecido e à preocupação com a constante inovação, permitindo que a organização se mantenha competitiva dentro de seu ambiente de negócios. Há, na literatura da área, uma classificação a respeito dos tipos de novos produtos. Com base em Griffin e Page (1996), podemos dividi-los em:

» produtos novos para mercados novos;
» nova linha de produtos, permitindo que a empresa entre em determinado mercado pela primeira vez;
» novos produtos em substituição aos existentes;
» produtos existentes somados a inovações e melhorias;
» produtos existentes reposicionados em novos mercados ou segmentos de mercado;
» produtos submetidos a reduções de custos, oferecendo *performance* similar, mas com menor custo.

Perguntas e respostas
O que é *performance*?
São os resultados, o desempenho das atividades organizacionais.

Entretanto, para a obtenção de sucesso, a inovação deve ser planejada – planejamento que está relacionado à capacidade da empresa de conseguir colocar o consumidor em primeiro lugar e avaliar alguns fatores (Prahalad; Hamel, 1995). Tanto na indústria como no varejo (ou em prestadoras de serviços) essa avaliação auxilia na redução dos riscos.

Entre esses fatores, temos:

» alternativas;
» competências;
» custos para desenvolvimento;
» prazos;
» posição atual no mercado;
» perfil do mercado;
» imagem da marca;
» capacidade de exploração do mercado;
» logística.

Perguntas e respostas
O que são competências essenciais?
São as competências da organização capazes de gerar vantagem competitiva.

A seguir, veremos cada um desses fatores mais detalhadamente.

Alternativas

Para dar início a um processo de inovação, a empresa pode optar por duas alternativas, de acordo com suas competências (aquilo que a empresa sabe fazer melhor): **padronizar o produto e oferecê-lo a um custo menor do que a concorrência** (economia de escala ou custos médios a longo prazo que diminuem quando há aumento da produção) ou **criar valores agregados que justifiquem pagar mais pela aquisição** (diferenciação). Montgomery e Porter (1998) apontam como fatores de diferenciação do produto os seguintes itens: o desempenho, a durabilidade, o *design*, a ergonomia, as linhas completas de produtos, a imagem da marca, o custo de utilização, as formas de comercialização, o financiamento e a assistência técnica ao consumidor, procurando manter um bom relacionamento com este.

Já a padronização, que tem como objetivo oferecer menores preços, demanda economia de escala. Com o aumento do volume de produção e, consequentemente, do tamanho da empresa, a mão de obra começa a ser substituída por máquinas e equipamentos, aumentando a especialização das tarefas, o que reduz o tempo de produção e os custos.

No entanto, podemos perceber que a padronização é uma estratégia quase restrita às grandes empresas, uma vez que pequenas empresas não possuem essas mesmas condições, restando a alternativa da estratégia de diferenciação como uma vantagem competitiva. As opções possíveis são a inovação de produtos já existentes ou o desenvolvimento de novos a partir da identificação de uma oportunidade.

Perguntas e respostas

O que é *ergonomia*?

É a ciência que estuda a adequabilidade dos vários produtos e serviços às necessidades, habilidades e limitações do ser humano.

Competências

A inovação envolve uma série de competências voltadas à tecnologia, ao marketing, à produção, à gerência, aos recursos humanos, à logística, ao conhecimento (*know-how*) etc. Sem esse conjunto de habilidades, dificilmente uma empresa desenvolverá um diferencial competitivo.

> A importância da inovação no processo de desenvolvimento de novos produtos se faz sentir no impacto significativo que ela causa na estrutura dos mercados, pois agrega valor aos produtos e aos serviços da empresa, de modo a diferenciá-la da concorrência, abrindo novos mercados e aumentando os lucros e o valor da marca. A estratégia competitiva deve estar baseada na competência em que a empresa é mais forte: a *core competence*.

Prahalad e Hamel (1998) definem *competências essenciais* como recursos intangíveis de difícil imitação pelos concorrentes, recursos essenciais à diferenciação de produtos e serviços e recursos necessários à evolução da empresa.

Para inovar, as organizações também devem **estabelecer parcerias**, de modo a suprir necessidades financeiras, técnicas e gerenciais e auxiliar as empresas parceiras a obterem acesso a novos mercados, a novas tecnologias e ao desenvolvimento de novos produtos (Braga, 1999). Promover a inovação pode implicar o desenvolvimento de tecnologias que possam ser integradas a produtos, o que só pode ser realizado por meio das competências internas das empresas, que nem sempre são suficientes. Por essa razão, parcerias são essenciais.

Recursos para o desenvolvimento do produto

Desenvolver novos produtos demanda **investimento em pesquisa**. No entanto, a maioria das organizações não possui recursos para isso e, muitas vezes, acabam por imitar a concorrência, nunca conquistando uma posição de liderança no mercado. Contudo, existem parcerias que podem ser estabelecidas, denominadas *redes de cooperação* ou *alianças*.

Para agregar valor a um produto, é preciso executar uma ou mais atividades a um menor custo ou de uma forma melhor do que os concorrentes. Como uma organização dificilmente terá domínio sobre todas as competências necessárias, as parcerias e alianças estratégicas compensam essas lacunas ao longo de sua cadeia de valor.

Essas parcerias podem envolver graus de cooperação diferentes e variar em relação aos objetivos – por exemplo, obter economias de escala, custos baixos para entrada em novos mercados e segmentos, *benchmarking*, compartilhamento de riscos de negócios e Pesquisa e Desenvolvimento (P&D) (Britto, 2002).

As redes de cooperação podem ser estabelecidas em cooperativas, redes de empresas, verticalização ou *clusters* (também chamados de *Arranjos Produtivos Locais* – APL). A verticalização ocorre quando "a empresa assume o controle sobre diferentes estágios (ou etapas) associados à progressiva transformação de insumos em produtos finais" (Britto, 2002, p. 313). As redes são compostas por instituições independentes que se unem em busca de benefício econômico ou vantagem competitiva. Já os *clusters*, ou APL, são concentrações setoriais e geográficas de empresas cuja proximidade facilita a aprendizagem e reduz os custos.

> **Perguntas e respostas**
>
> O que é *P&D*?
>
> É o setor das empresas responsável pelos processos de geração de inovação, no qual são realizadas pesquisas com o objetivo de produzir avanços do conhecimento sobre produtos, serviços e processos.

Prazos para o desenvolvimento

Como o ciclo de vida dos produtos e serviços é cada vez menor – ou seja, eles ficam obsoletos rapidamente –, a inovação deve acontecer no momento em que uma oportunidade ou ameaça é detectada.

"Precisamos deixar nossos produtos obsoletos antes que nossos concorrentes o façam" (Silva, 2003, p. 64). Essa afirmação é de Bill Gates e expressa claramente a situação atual de nossas empresas, de qualquer porte, as quais devem estar preparadas para inovar, ou seja, devem antecipar-se às mudanças que o ambiente externo sinaliza.

Desde a Revolução Industrial, **estamos assistindo à obsolescência de produtos e serviços de maneira cada vez mais rápida**. O aparecimento de novas ideias e tecnologias, a escassez de matéria-prima, a sociedade da informação e o estabelecimento de prazos cada vez mais curtos são fatores que marcam essa fase. Sendo assim, o mercado dita que somente as empresas que conseguirem cumprir esses prazos terão sucesso.

Um exemplo que caracteriza esse contexto é o da compra, com pagamento parcelado, de um celular. Antes que o cliente quite a segunda parcela de pagamento do aparelho, este já está ultrapassado. No entanto, o prazo também se relaciona com o atraso no lançamento de novo produto, o que compromete os lucros e o fluxo de caixa e produz custo de perda da oportunidade.

> "Precisamos deixar nossos produtos obsoletos antes que nossos concorrentes o façam".

Ciclo de vida do novo produto

O desenvolvimento de estratégias para o ciclo de vida de um produto deve levar em consideração o estágio em que ele se encontra (Porter, 1986), a saber: introdução, crescimento, maturidade e declínio.

Na fase de **introdução**, a instituição deve investir em planejamento, lembrando-se que os investimentos voltados à comunicação são altos. A fase de **crescimento** é aquela na qual a empresa deve tirar proveito da rentabilidade, pois é nela também que surgem potenciais concorrentes. Na fase de **maturidade**, o crescimento ocorre em ritmo lento, com tendência a estabilizar-se, e o número de concorrentes é elevado. É o momento de se apostar em inovação e reposicionamento de produtos, pois na fase de **declínio** surge o desafio do abandono do produto – razão pela qual essa etapa deve se dar de maneira estratégica.

Gráfico 1.1 – Ciclo de vida do produto

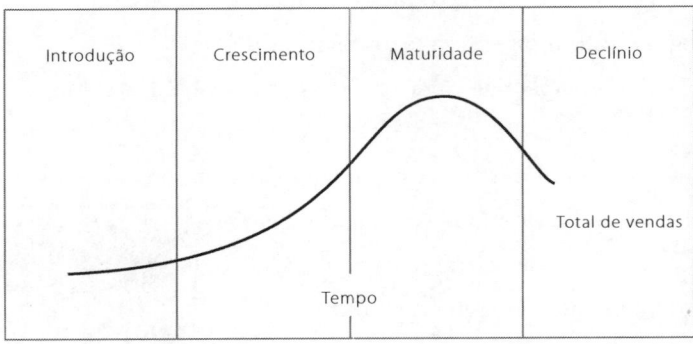

Fonte: Porter, 1986, p. 158.

A matriz produto-mercado tem como base o uso de uma matriz de dupla entrada, que trabalha com dois vetores: produto e mercado (Ansoff, 1990). Considera-se, em um vetor, os produtos atuais e novos e, no outro, os mercados atuais e novos. Segundo Ansoff (1990), existem quatro opções de ações estratégicas para as empresas crescerem, quais sejam:

1. Penetração no mercado atual com produtos atuais.
2. Desenvolvimento de mercado por meio de produtos atuais, mas em novos mercados.
3. Desenvolvimento de produtos novos para os mercados atuais.
4. Diversificação por meio de novos produtos para novos mercados.

Figura 1.1 – Matriz produto-mercado

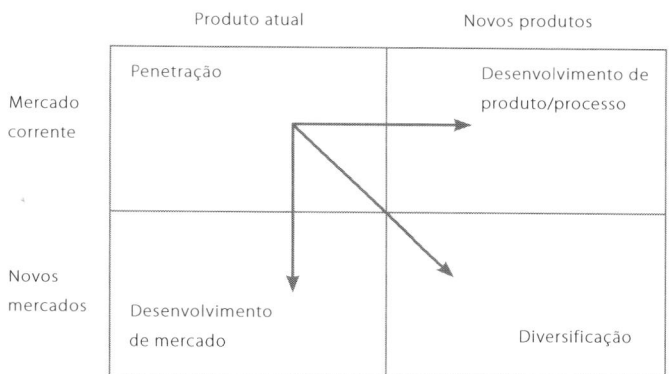

Fonte: Ansoff, 1990, p. 101.

Esse modelo auxilia na escolha das estratégias de marketing mais adequadas ao perfil de mercado em que a empresa atua, levando-se em conta os produtos ofertados. Mas, para que essas estratégias acarretem resultados positivos, é preciso **trabalhar com a seleção de mercado por meio da segmentação**, criando um *mix* de marketing específico para o alvo selecionado.

Esse alvo ou segmento é chamado de *mercado-alvo* ou *target*. A segmentação pode ser analisada de quatro modos, segundo Kotler (2001), a saber:

1. **Demográfico**: Sexo, idade, renda, ocupação e nível de escolaridade.
2. **Geográfico**: Localização geográfica (bairros, regiões etc.), variações climáticas, entre outros.
3. **Psicográfico**: Estilo de vida, grupos de participação (clubes, igrejas, tribos) etc.

4. **Comportamental**: Ocasião de compra, benefício percebido, *status* do usuário (novo, antigo, potencial), nível de lealdade, estágio de compra.

> **Igor Ansoff (1918-2002)** foi um professor russo conhecido como o "pai da gestão estratégica". Sua maior obra, publicada em 1965, chama-se *Estratégia corporativa*.

O objetivo é estabelecer um perfil comum do(s) mercado(s) pretendido(s) e direcionar as ações mercadológicas. A segmentação é uma importante ferramenta, pois possibilita que a instituição adapte sua estrutura ao comportamento e às expectativas de mercado, buscando alcançar seus objetivos.

Para Lilien e Rangaswamy (2002), a segmentação deve seguir cinco passos:

Figura 1.2 – Segmentação de mercado

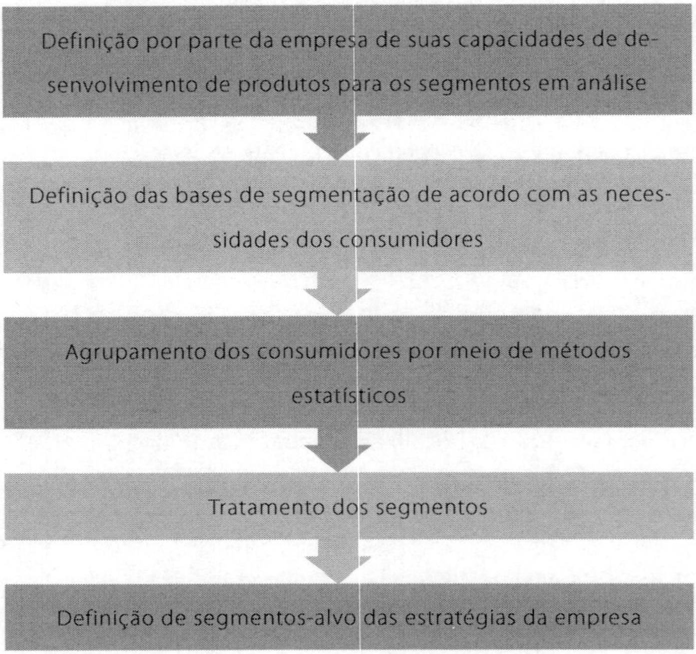

- Definição por parte da empresa de suas capacidades de desenvolvimento de produtos para os segmentos em análise
- Definição das bases de segmentação de acordo com as necessidades dos consumidores
- Agrupamento dos consumidores por meio de métodos estatísticos
- Tratamento dos segmentos
- Definição de segmentos-alvo das estratégias da empresa

Posição atual no mercado

Uma empresa deve conhecer sua posição no mercado em que está inserida. O *market share*, ou participação de mercado, é a "fatia de mercado" que uma organização "absorve". Para obter essa posição, basta pegar o número total de unidades de produto vendidas pela empresa e dividi-lo pelo total de unidades vendidas no segmento em que atua. Também é possível calcular o valor total das vendas dividido pelo total das vendas do segmento.

> Por exemplo: se o mercado nacional de chocolates, em um determinado período, tivesse 1 milhão de unidades vendidas e uma das empresas fabricantes absorvesse 300 mil vendas, o *market share* desta empresa seria de 0,3 ou 30%. Para aumentar seu *market share*, uma empresa precisa manter seus clientes e conquistar novos.

Perfil do mercado

Fatores como influências externas, segmentação, geografia, transformações e tendências futuras, velocidade de crescimento, tamanho e potencial de mercado devem ser pesquisados e monitorados. As influências são todas as variáveis que podem transformar tanto o mercado quanto o consumidor e sobre as quais a empresa não tem controle. Segundo Kotler (2001), são elas:

> » **Demográficas**: Os mercados são compostos de pessoas e, portanto, devem ser analisadas as características da população, como tamanho, taxa de crescimento, faixa

etária, composição étnica, níveis de instrução, padrões domiciliares, características regionais, índice de natalidade, envelhecimento etc.

» **Econômicas**: Poder de compra, renda, preços, juros, dólar, disponibilidade de crédito, inflação, entre outras.

» **Naturais**: Preocupação com as ameaças e as oportunidades relativas à escassez de matéria-prima, custo mais elevado de energia, níveis mais altos de poluição, mudança no papel e no posicionamento dos governos em relação à consciência ambiental.

» **Tecnológicas**: A taxa de crescimento da economia é afetada pelo número de novas tecnologias que são desenvolvidas – as quais criam consequências a longo prazo que nem sempre são previsíveis, mas que devem ser monitoradas. A tecnologia também pode significar inovação ou adaptabilidade a novos processos com mais agilidade e rapidez.

» **Político-legais**: Formadas por leis, órgãos governamentais e grupos de pressão que podem influenciar e limitar as organizações.

» **Socioculturais**: Crenças, valores, costumes e normas da sociedade, hábitos de compras, influências de associações, clubes, igrejas etc.

» **De concorrência**: Importante elemento a ser considerado, essa variável pode afetar o posicionamento, a produtividade e a própria sobrevivência da empresa.

Uma boa maneira de acompanhar os concorrentes é realizando o *benchmarking*, por meio do qual se pode comparar o desempenho da empresa com o das outras organizações, buscando sempre a melhoria.

» **Resultantes do comportamento dos consumidores**: Devido a fatores de influência, novas tecnologias, mídias e moda, o comportamento de compra das pessoas é alterado constantemente e as empresas devem estar atentas a isso.

O mercado potencial é a capacidade de demanda de um mercado por determinado bem, ou seja, é a capacidade de vendas que um mercado pode suportar. Para medir seu tamanho, devemos conhecer quatro elementos elencados na Figura 1.3 a seguir.

Figura 1.3 – Dimensionamento do mercado

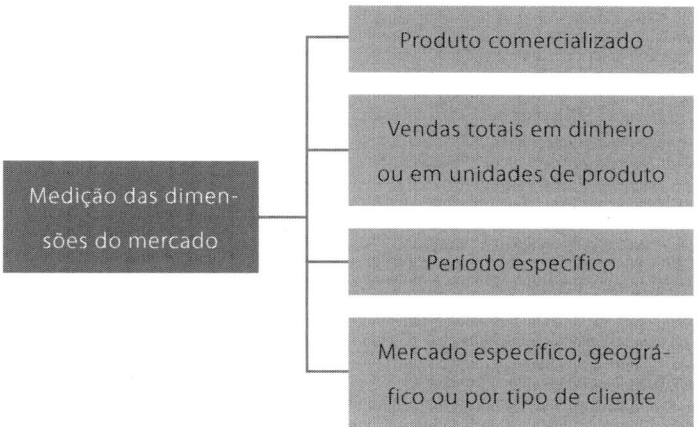

Imagem da marca

A marca é **condição estratégica para o posicionamento de uma empresa** e deve incorporar os atributos do produto ou do serviço oferecido. Possuir uma marca forte é um objetivo difícil de ser alcançado e, por isso, deve estar bem alicerçado, para que um bom planejamento de marketing e comunicação seja desenvolvido.

De acordo com Aaker (1996), vários fatores dificultam a construção de uma marca, como os apresentados a seguir:

> O lançamento de um novo produto, por exemplo, pode exigir forte investimento na criação de uma nova marca ou no desenvolvimento de submarcas ou extensões.

» pressão de varejistas e consumidores para diminuição de preços;
» aumento de concorrentes, tornando difícil conquistar um espaço ou manter uma posição no mercado;
» dificuldade de coordenação de estratégias de comunicação devido ao aumento de alternativas de mídia, o que exige maior esforço de promoções;
» complexas estratégias de marcas devido à fragmentação dos mercados.

O lançamento de um novo produto, por exemplo, pode exigir forte investimento na criação de uma nova marca ou no desenvolvimento de submarcas ou extensões.

Outros fatores negativos à construção da identidade da marca são: **propensão à mudança** devido a pressões internas, quando uma estratégia não está funcionando de acordo com o planejado; **resistência à inovação** devido aos custos de investimentos;

pressões para investir em outras localidades devido à marca forte e a metas de curto prazo.

Quando bem construída, uma marca pode se tornar um diferencial para a empresa, podendo agregar valor tangível (econômico) e intangível (valor percebido pelos consumidores) a seus produtos e serviços, o qual pode ser calculado por meio do processo que chamamos de *brand equity* ou *valor de marca*.

> Esse processo pode ser estudado de acordo com três diferentes abordagens (Schultz; Schultz, 2000): 1) foco no consumidor, mediante conceitos como lealdade à marca; 2) valor da ação da empresa no mercado; e 3) valor da marca, utilizando-se de fluxos de caixa. No entanto, **as medidas que levam em conta somente o desempenho financeiro de uma empresa não são as ideais**, pois, pressionadas por esse fator, organizações acabam direcionando seus esforços para a redução de custos, esquecendo-se dos investimentos para a construção do valor da marca, que só acontece a longo prazo.

Para Aaker (1996), **o valor de marca está nos benefícios percebidos pelos consumidores e nos resultados gerados para a empresa detentora de tal marca**. Para mensurar esse valor, o autor propõe que sejam utilizados os seguintes fatores:

» **Lealdade à marca**: Quanto o consumidor está disposto a pagar por determinada marca? Está satisfeito com ela?
» **Qualidade percebida**: A percepção de qualidade por parte dos consumidores em relação à marca.

- » **Associações**: O consumidor percebe o valor da marca em comparação aos concorrentes? Confia nela?
- » **Medidas de consciência**: A consciência da marca é a lembrança, a presença dela na mente do consumidor, o *top of mind* e os níveis de *recall*.
- » **Medidas de comportamento do mercado**: A *performance* da marca, sua participação de mercado, os preços praticados e os pontos de venda.

Percebemos que o *brand equity* é o valor agregado ao produto pela marca e está baseado no "conjunto de associações vinculadas à marca que os consumidores conservam na memória" (Keller, 1998, p. 2), exercendo grande influência no momento da compra.

Capacidade de exploração do mercado

Explorar novos mercados é arriscado e, na maioria das vezes, demanda tempo, recursos financeiros, conhecimento e capacidade produtiva. Além disso, a organização deve estudar seu mercado e monitorar a concorrência, o que nem sempre acontece. A expansão da linha de produtos ou a sua diversificação é uma estratégia que distribui os riscos e auxilia na exploração de novos mercados e segmentos. Segundo Kotler (2001), essa expansão se divide em três grupos:

1. **Concêntrica**: São novos produtos que têm sinergia com tecnologias, estratégias de marketing e produtos atuais, mesmo que sejam destinados a clientes diferentes.

2. **Horizontal**: São novos produtos dirigidos a consumidores atuais, mas que não estão relacionados, em termos de tecnologia, com os produtos existentes.
3. **Conglomerada**: São novos produtos sem relação com os atuais, com as tecnologias e com os mercados.

A diversificação é uma estratégia de crescimento que pode ser adotada quando a empresa passa a sofrer pressões do mercado em que atua – procurando, então, outras áreas de especialização nas quais sofra menos ameaças dos concorrentes.

Logística

O sucesso da inovação depende também de um planejamento da capacidade produtiva, do sistema de distribuição, da localização, do armazenamento e dos prazos de entrega, pois **um produto somente é viável à medida que está disponível para o cliente**.

As decisões de logística têm influência direta sobre o desenvolvimento de novos produtos, os quais devem estar disponíveis ao consumidor no lugar e na hora certos. Embalagem, prazo de entrega, ciclo do pedido, entrega, sistema de distribuição, armazenamento, garantias de fornecimento, manutenção do produto e estocagem são serviços prestados pela logística e que obedecem às necessidades dos clientes (Christopher, 1999).

Para Christopher (1999, p. 11), "o gerenciamento logístico tem potencial para auxiliar a organização a alcançar tanto a vantagem em

> A estratégia está em saber desenvolver parcerias com os canais com base na dimensão do mercado consumidor, nas características do produto, na concorrência, nas capacidades e nos recursos disponíveis.

custo/produtividade como a vantagem em valor". Assim, a gestão logística eficaz atribui valor ao processo destinado ao cliente e apresenta-se como oportunidade de diferenciação de produtos.

Seja uma indústria, seja um varejo, a organização deve selecionar estratégias logísticas com base em sua proposição de valor. Além disso, deve selecionar canais baseados nos custos logísticos totais, com um sistema comum para monitorar atividades de compra, planejamento de produção, distribuição, entre outros.

> O canal de distribuição é o caminho que um produto segue da sua origem até o consumidor, passando por todos os responsáveis por disponibilizá-lo no ponto de venda (Silva, 1999) – razão pela qual deve criar disponibilidade, de modo a maximizar os benefícios para o cliente. Uma empresa pode ter um relacionamento com seus clientes por meio de canais diretos ou indiretos. Pelo primeiro viés, a comercialização dos seus produtos ou serviços não demanda intermediários, oferecendo vantagens – como o controle sobre a força de vendas e os preços. Já nos canais indiretos, a instituição utiliza-se de intermediários como atacadistas, distribuidores, representantes de vendas e *brokers* (vendedores especializados que atuam em um segmento específico do mercado).

A organização pode, ainda, utilizar lojas próprias (verticalizadas até o varejo), licença (a distribuição é feita por meio de acordos de licenciamento), consignação (o fabricante entrega o produto, mas a venda só se efetiva quando o produto é vendido ao consumidor final), franquias (revendedor direto, como as concessionárias), catálogos (enviados a consumidores) etc.

A estratégia está em saber desenvolver parcerias com os canais com base na dimensão do mercado consumidor, nas características do produto, na concorrência, nas capacidades e nos recursos disponíveis.

Um diferencial competitivo que vem ganhando destaque é a logística reversa, uma nova área que gerencia e operacionaliza o retorno dos produtos após sua venda e consumo, contribuindo para o reaproveitamento destes e amenizando os prejuízos ambientais. Empresas que vêm utilizando a logística reversa estão ganhando em imagem perante os consumidores e o mercado (Leite, 2003), pois trabalham com produtos que podem ser reciclados e reintegrados ao processo produtivo.

Portfólio de clientes atuais

Um portfólio é o **registro de todas as experiências e os acontecimentos relativos aos clientes da empresa**, de modo a abranger comportamentos, necessidades e percepções e a detalhar a importância relativa de cada um desses clientes, a frequência de uso e cancelamento de serviços e o número de reclamações.

Para tanto, uma organização deve ter um banco de dados de seus clientes contendo o histórico das relações que são efetivadas entre eles, além de estar atenta aos perfis dos clientes, para garantir um bom e consistente relacionamento, sendo capaz de identificar oportunidades de novos negócios, já que a maioria das inovações acontece devido à detecção de uma necessidade não satisfeita.

De acordo com Kotler (2001, p. 33), o produto só "alcançará êxito se proporcionar valor e satisfação ao comprador-alvo", o qual "escolhe entre diferentes ofertas com base naquilo que parece proporcionar maior valor". Então, a **base da inovação está no conhecimento do consumidor**.

Muitas empresas se utilizam do gerenciamento de relacionamentos para entender como seus clientes pensam e quais melhorias buscam nos produtos, fazendo da inovação uma estratégia de fidelização.

> Em um mercado onde produtos e serviços estão cada vez mais parecidos, resta às empresas competirem por meio de diferenciais, agregando valor às suas ofertas. Com isso, a vantagem estará com aquelas que oferecerem o melhor conjunto. Diante disso, percebemos que o marketing abrange muito mais do que as decisões do *mix* mercadológico (produto, preço, ponto e promoção): ele é uma atividade econômica que busca uma vantagem competitiva sustentável, com o foco no desenvolvimento de uma estratégia apoiada na criação de diferentes conjuntos de valor, produzindo um *mix* diferenciado.

A vantagem competitiva sustentável para o marketing significa que uma empresa possui um composto mercadológico considerado pelos mercados-alvo melhor do que o dos concorrentes e, ainda, que essa empresa é percebida pelo cliente. Essa vantagem pode estar em qualquer componente da cadeia de valor.

Nesse contexto está o **P** de *produto*. A diferenciação de produtos e serviços por meio da logística, da marca e das decisões estratégicas em relação aos atributos físicos – como o projeto da embalagem, as garantias, o ciclo de vida previsto para o produto, o rótulo e o atendimento – deve estar relacionada com a satisfação das necessidades do consumidor, podendo levar a taxas ainda maiores de retorno para a empresa.

Síntese

Neste capítulo, vimos que o desenvolvimento de novos produtos e serviços, ou a melhoria deles, é essencial para a manutenção da competitividade das empresas. Pudemos perceber que as decisões estão intimamente ligadas ao pacote de atributos a ser oferecido ao consumidor e à constante inovação, que dependem da capacidade de avaliação de diversos fatores mercadológicos e estratégicos.

Questões para revisão

1. (Sebrae-PA, 2010) Considerando a matriz de expansão produto-mercado de Ansoff, marque a alternativa que apresenta a estratégia a ser aplicada em um cenário de NOVOS PRODUTOS e NOVOS MERCADOS:
   a. Estratégia de penetração de mercado.
   b. Estratégia de desenvolvimento de mercado.
   c. Estratégia de diversificação.
   d. Estratégia de desenvolvimento de produto.
   e. Estratégia de inovação e incrementação.

2. (Secretaria da Educação-SC, 2012) Os produtos têm vida limitada e sua venda passa por estágios distintos, gerando lucros que crescem ou diminuem, requerendo estratégias diferentes. O Ciclo de Vida do Produto (CVP) divide-se em quatro estágios. São eles, **exceto**:

   a. declínio.
   b. introdução.
   c. crescimento.
   d. massificação.
   e. maturidade.

3. (FCC, 2008 – Metrô-SP) Na matriz produto/mercado (ou matriz de Ansoff), as estratégias

   I. de crescimento pela venda de uma maior quantidade dos produtos existentes para os clientes existentes;

   II. de crescimento pelo atendimento a novos clientes por meio da oferta de novos produtos.

   São, respectivamente, estratégias com foco em:

   a. penetração de mercado e desenvolvimento de mercado.
   b. desenvolvimento de produto e diversificação.
   c. desenvolvimento de mercado e desenvolvimento de produto.
   d. penetração no mercado e diversificação.
   e. diversificação e desenvolvimento de mercado.

Leia o texto a seguir, retirado do concurso da Secretaria da Administração Penitenciária de São Paulo para o cargo de Oficial Administrativo (Vunesp, 2011), e responda às questões a seguir.

A TV é o principal veículo de comunicação do país, presente em praticamente 100% do território e dos domicílios brasileiros, porque acertou no modelo: gratuita para o telespectador, financiada pela publicidade e com conteúdo adequado à audiência. Mas nenhum meio de comunicação passou ileso às mudanças que as tecnologias digitais provocaram e vêm provocando nos últimos 15 anos. A internet, por exemplo, revolucionou a imprensa escrita, a telefonia e o consumo de música e vídeo. Mas o impacto sobre a televisão ainda é relativamente restrito.

Apostar que o modelo da TV deixará de existir em curto ou em médio prazos seria um erro. Mas também é um erro apostar que ela passará ilesa à revolução digital. Primeiro, porque ela mesma já se digitalizou, ganhou alta definição e, sobretudo, tornou-se móvel. Essa mudança não é pequena: ao ganhar mobilidade, ganha novas audiências e pode, no futuro, ganhar novos formatos.

Mas a mudança tecnológica mais importante que começa a se desenhar é a convergência da internet com os televisores. Os aparelhos deixaram de ser uma janela apenas para aquilo que a televisão tradicional distribui, pois passaram também a veicular conteúdos em rede.

Se a internet mudou o comportamento das pessoas no trabalho e nas relações pessoais, poderá mudar também o hábito das pessoas na frente do televisor. Nos próximos anos, a TV vai se transformar porque o telespectador vai mudar. Mas, para isso, é preciso que a internet se torne presente em todos os lares, como fez a televisão. E isso ainda levará um bom tempo.

Adaptado de Samuel Possebon, Folha de São Paulo, 18.09.2010.

4. De acordo com o texto, que tipo de inovação a TV está experimentando na atualidade?

5. Quais as principais competências necessárias ao desenvolvimento de novas ofertas para os consumidores desse veículo de comunicação?

capítulo 2
produtos e serviços

Conteúdos do capítulo

» Estratégias para o desenvolvimento de produtos e serviços.
» Classificação dos produtos.
» Apresentação dos serviços.

Se os indivíduos possuem desejos e necessidades, então *produto* é qualquer coisa disponível para atender a esses desejos e necessidades. Podemos dizer, então, que um *produto* é um benefício que o consumidor está disposto a comprar. Na visão de Levitt (1990), os produtos podem ser classificados da seguinte forma:

» **Produto genérico**: É o produto em si, o real benefício que o cliente está comprando.
» **Produto esperado**: É o produto em si, adicionadas as condições mínimas esperadas pelo consumidor, como entrega, condições negociadas, assistência e novas sugestões de uso do produto.
» **Produto aumentado**: É o produto em si mais o esperado, adicionadas algumas características pelas quais o consumidor não esperava – "um valor a mais".
» **Produto potencial**: É o produto genérico mais o esperado, mais o aumentado e mais fatores que possibilitem a fidelização do cliente, como projetos futuros.
» **Produto industrial**: Produtos de valor agregado resultantes da transformação de matéria-prima.

Cobra (1993) classifica os produtos industriais em quatro categorias, listadas no quadro a seguir.

Quadro 2.1 – Produtos industriais

Produto	Finalidade
Matéria-prima	Produtos que vão ser incorporados no processo de produção. Exemplos: carvão e óleo.
Bens de capital	Máquinas, equipamentos e instalações utilizados no processo de produção, mas não incorporados. Exemplos: tornos, fornos e computadores.
Fornecimento e serviços	São bens que também não se incorporam ao produto final, mas cuja falta compromete a produção. Exemplos: serviços de instalação e de manutenção de máquinas, assistência, entrega, consultoria, limpeza, contabilidade.
Produto acabado	Bens utilizados para operar o negócio. Exemplos: detergentes para limpeza e óleo para máquinas (itens considerados como despesa no balanço e que não sofrem depreciação).

Fonte: Elaborado com base em Cobra, 1993.

A concorrência normalmente ocorre na fase em que se estabelece o produto ampliado. No caso dos produtos industriais, a concorrência não está necessariamente no que as indústrias produzem, **mas no que elas agregam a seus produtos**, como formas de armazenamento, condições de entrega, tipos de embalagem, prazos de pagamento, serviços oferecidos, atendimento ao consumidor etc. A diminuição do ciclo de vida dos produtos obriga as empresas a melhorá-los constantemente, mantendo-os competitivos. Essa melhoria também está baseada na necessidade de outros produtos que serão agregados ao produto final.

Estratégias de produtos

O produto é a essência de toda organização, o que inclui as **decisões estratégicas em relação aos seus atributos físicos.** O projeto da embalagem e da marca, as garantias, o ciclo de vida previsto, o rótulo, entre outros, são partes de seu planejamento, tendo o intuito de estreitar sua relação com a satisfação das necessidades do consumidor. Segundo Kotler (2001), *produto* é tudo o que pode ser oferecido a um mercado para satisfazer uma necessidade ou um desejo – para que isso aconteça, no entanto, são necessários tanto o conhecimento dos mercados empresariais, por meio de constante monitoramento, como o acompanhamento do comportamento dos clientes. Nesse contexto, o profissional de marketing, no que se refere às decisões de produto, é responsável por:

» desenvolver e testar novos produtos, que tendem a criar um mercado totalmente novo para a empresa;
» inovar os produtos existentes, oferecendo melhor desempenho ou maior valor;
» eliminar os produtos que não satisfaçam os consumidores;
» estudar o ciclo de vida dos produtos;
» formular a política de marcas.

Além dessas, outras decisões, que passam pela pesquisa e pelo conhecimento do mercado e que vão até o planejamento estratégico, são necessárias. A seguir, veremos o que as estratégias de produtos envolvem.

Atributos

O produto/serviço deve ter características que despertem desejo ou necessidade no consumidor final. Para isso, o profissional que trata de seu desenvolvimento deve estabelecer a forma (enlatado, colorido etc.), o tamanho (pequeno, médio ou grande) e o peso (se em estado líquido ou sólido), pois **as características físicas ou as especificações também devem ser entendidas como decisões estratégicas a serem tomadas.**

A fim de satisfazer um desejo ou uma necessidade, **o consumidor não compra um produto ou um serviço, mas sim os atributos que ele oferece** – os quais constituem os valores intangíveis do bem tangível, os benefícios. Por exemplo: ao comprar um CD, o consumidor busca o prazer de ouvir música.

Marca

Um dos atributos de produtos ou serviços é a marca, que consiste em "um nome, sinal ou símbolo, usada para distinguir produtos ou serviços de uma empresa" (Blackett, 1998, p. 1) ou em uma combinação de todos esses itens, com o objetivo de identificar produtos e diferenciá-los dos demais. No entanto, o mais importante é que a **marca deve ser de fácil assimilação pelo consumidor**, pois **é o elemento que leva à construção do sentido do produto ou da empresa na mente do cliente.** Nesse sentido, trata-se da percepção criada por ele a respeito da marca, o que facilita a aceitação do produto. É necessário lembrar, também, que a marca será utilizada na comunicação da empresa com o mercado – sendo assim, ela não pode ser de difícil explicação.

Criar uma marca não é trabalho fácil, uma vez que novos nomes são difíceis de serem encontrados. Basta pesquisar no Instituto Nacional da Propriedade Industrial (**Inpi**) e verificar os inúmeros nomes que já estão registrados. Muitas empresas têm de investir em profissionais de criação de nomes, os *naming*, para executarem os serviços de criação de posicionamento da marca. Vejamos quais as estratégias de marca para as empresas fabricantes:

> Para o registro de marca, o Inpi disponibiliza um sistema de pesquisa de marcas e patentes em seu *site*, que pode ser acessado por meio do *link*: http://www.inpi.gov.br.

» **Individual**: Um nome para cada produto da empresa. O objetivo é que cada produto seja uma marca única, pois assim um problema em um item do portfólio não afeta os demais. Além disso, essa estratégia pode otimizar o lançamento de novos produtos para diferentes segmentos com agilidade e rapidez. O uso de marca individual possibilita o *trading-up* (empresa com produtos de baixa ou média valorização lança produto de alta valorização) e o *trading-down* (empresa com produtos de alto valor coloca no mercado um produto mais popular) (Cobra, 1993). Um exemplo disso é a empresa *Unilever*. Cada produto de sua carteira é único, como o sabão em pó *Omo*, o sabonete *Dove*, o creme dental *Close-up*, o caldo *Knorr* e a maionese *Hellmann's*.

» **Global ou guarda-chuva**: Um único nome para todos os produtos. A vantagem dessa estratégia, segundo Kotler (2001), é que os custos de desenvolvimento são menores quando do lançamento de um novo produto, assim como os esforços de pesquisa e comunicação, pois o consumidor já possui percepção positiva da marca. Em contrapartida, se algum produto do portfólio oferecer problemas, todos os outros serão prejudicados. Um exemplo pode ser a empresa Perdigão, que oferece com essa marca produtos como chester, presunto, salsicha, mortadela, hambúrguer e massas.

» **Por família de produtos**: Um nome para cada linha de produtos. A adoção dessa estratégia faz com que o consumidor associe a marca à determinada linha de produtos, permitindo que a empresa atue em outros segmentos sem confundi-lo. A *Nestlé* é um ótimo exemplo dessa estratégia. Para sua linha de cafés, a marca adotada é Nescafé. A linha de achocolatados tem a marca Nescau. Seus biscoitos são Bono, Passatempo, Negresco, entre outros.

» **Marca da empresa combinada com a do produto**: Uso de um nome para o produto associado à marca da empresa. Essa estratégia também reduz os custos de lançamento de um novo produto, mas pode prejudicar a marca da empresa caso este não tenha sucesso. A marca Avon, por exemplo, está diretamente associada à marca *Renew*.

» **Marcas próprias dos varejistas**: A indústria fornece produtos genéricos com a marca do varejista ou do atacadista. Essas marcas são desenvolvidas em parceria entre indústria e varejo, o que diminui os custos (que são repassados ao consumidor), mas a qualidade é mantida. Por exemplo, os supermercados que se utilizam de marca própria, como torradas Big, Café *Carrefour*, Café

Mercadorama. A título de curiosidade, este último é produzido pela indústria Café Damasco.

O *slogan* tem papel importante na fixação da marca. Ele é uma expressão ou uma frase curta que sugere uma ideia. Como é uma sentença de impacto que busca convencer o consumidor de forma rápida, deve ser **breve, de fácil compreensão, incisivo e simpático**. Por exemplo: "*Hellmann's*, a verdadeira maionese" ou "Itaú, feito para você", ou ainda, "Postos Ipiranga, apaixonados por carro como todo brasileiro".

Qualidade

A existência da empresa é justificada pelo produto ou serviço que ela fornece. No que diz respeito à estrutura interna, fatores como embalagens bem cuidadas, vendedores educados e gentis, produtos entregues no prazo adequado e preços acessíveis garantem a qualidade de produtos ou serviços oferecidos pela empresa (Paladini, 1997).

O que um cliente deseja é qualidade, sendo essa a única forma de oferecer plena satisfação a quem compra um produto. **O atendimento gira em torno de um conjunto de itens, e não de alguma característica específica** – que pode ser relevante para um ou outro cliente, mas não para um grande número deles. Um produto de qualidade utiliza os melhores ingredientes e materiais, os componentes mais confiáveis, a mão de obra mais qualificada e tem excelente suporte de serviços dentro daquilo a que se propõe.

A qualidade liga a empresa ao ambiente externo (Paladini, 1997), entretanto, demanda o conhecimento e o atendimento ao consumidor. Não há como definir exatamente quais são as expectativas do consumidor em relação a um produto, mas há um nível mínimo a ser alcançado, determinado pelas necessidades básicas que o produto pretende satisfazer. Algumas perguntas devem ser feitas pelo empresário: O que o seu consumidor espera? O que convém a seu cliente? Como saber o que seu consumidor quer? Como satisfazer seu consumidor?

> Na verdade, qualidade é o mínimo que um consumidor espera de um produto – e também o mínimo que uma empresa pode ofertar. A qualidade, que está relacionada diretamente ao público-alvo da oferta, passa a não ser mais um diferencial competitivo, mas uma obrigatoriedade para quem quer sobreviver no mercado.

Garantia

Com base na Lei n. 8.078, de 11 de setembro de 1990, o Procon estabelece que **a garantia não é uma imposição legal**: ela é facultada ao fornecedor do produto, que a utiliza como diferencial para conquistar clientes; já a garantia legal, aquela que obriga a adequação do produto ou do serviço ao fim que dele se espera, é obrigatória (Brasil, 1990). Mas, para agregar mais valor a um produto, as empresas vêm oferecendo garantias contratuais, como recentemente o fez a Gradiente, ao estabelecer uma promoção de 10 anos de garantia em áudio e vídeo.

Garantias para reposição de peças, para consertos e contra defeitos devem ser oferecidas ao consumidor como meio de demonstrar a preocupação da empresa com a qualidade oferecida e também com a otimização da imagem da marca.

Design

O *design* é a atividade de desenhar um projeto de produto, considerando características em relação ao mercado consumidor. Em outras palavras, um bom *design* leva em consideração o produto, o mercado, o consumidor e os objetivos de marketing. Trata-se de um **processo de ideias, planejamento e construção que integra ao produto final as qualificações necessárias para ter aceitação no mercado.**

Forma, cor e tamanho auxiliam a empresa a atrair clientes pela imagem do produto e a rentabilizar a embalagem durante todo o processo de produção e logística, ou seja, facilitar o processo de transporte da indústria ao consumidor final, evitando perdas e prejuízos. O *design* está baseado em funcionalidade e estilo, podendo ser gráfico (quando projeta marcas, papelaria da empresa e visual da embalagem) ou do produto (quando desenvolve o projeto de produto em si).

Perguntas e respostas

O que é *design*?

É a melhoria dos aspectos visuais, funcionais e ergonômicos dos produtos a fim de atender às necessidades do consumidor. As empresas têm usado essa ferramenta para introduzir diferenciações nos produtos.

Rótulo

O rótulo tem por objetivo trazer as informações sobre o produto – como o modo de utilização, por exemplo –, cabendo a ele classificá-lo, descrevê-lo e promovê-lo. A Agência Nacional de Vigilância Sanitária (Anvisa) define *rótulo* como toda inscrição, legenda ou imagem escrita, impressa, estampada, gravada ou colada sobre a embalagem do alimento (Procon, 1998).

Deve conter dados como origem, nome, características, lista de ingredientes (quando for alimento), peso líquido, identificação do lote (deve ter impressa uma indicação em código que permita identificar o lote a que pertence o alimento), data de validade, instruções de uso, entre outros.

A Anvisa disponibiliza em seu *site* (http://www.anvisa.gov.br) um programa para o cálculo das informações nutricionais que devem estar presentes nos rótulos de alimentos. Essa ação entrou em vigor a partir de 31 de julho de 2006, segundo as exigências das Resoluções RDC n. 359, de 23 de dezembro de 2003 – Regulamento Técnico de Porções de Alimentos Embalados para Fins de Rotulagem Nutricional (Brasil, 2003a) –, e RDC n. 360, de 23 de dezembro de 2003 – Regulamento Técnico Sobre Rotulagem Nutricional de Alimentos Embalados, incorporando as normas aprovadas no Mercado Comum do Sul (Mercosul) (Brasil, 2003b).

> São duas as razões para se rotular os alimentos: primeiro, em virtude de uma exigência legal, garantindo rastreabilidade, segurança e confiabilidade nas relações comerciais; segundo, porque identifica o produto e o produtor, diferenciando-os dos demais que participam do mercado.

Embalagem

A embalagem é o envoltório no qual o produto é acondicionado. Tem por objetivo assegurar sua proteção e conservação, além de facilitar seu transporte e movimentação. Ela contribui para o reconhecimento da empresa ou da marca e, quando inovadora, pode trazer benefícios para os consumidores e lucro para os fabricantes. É também considerada **a maior mídia de venda do produto, contribuindo para a construção da marca e mostrando a complexidade da concepção de seu projeto e** *design*.

Existem as embalagens primária, secundária e de remessa.

Por exemplo, um xampu é acondicionado dentro de um frasco, o qual está dentro de uma caixa com outros frascos, sendo que estes estão dentro de uma caixa maior em meio a outras caixas para serem transportadas. As embalagens também têm papel fundamental para o sucesso de um produto, além de serem uma forte ferramenta de marketing.

> O consumidor não consegue separar o que é produto e o que é embalagem.

Essa é a ferramenta de diálogo com o consumidor – razão pela qual deve ser atrativa, tanto do ponto de vista do *design* como da praticidade e da segurança.

Para Mestriner (2001, p. 11), "a embalagem é um meio e não um fim", cuja "função é tornar compreensível o conteúdo e viabilizar a compra. Ela agrega valor ao produto, interfere na qualidade percebida e auxilia na formação do conceito sobre o fabricante elevando ou rebaixando sua imagem de marca". Decisões como o tamanho, a forma, as cores e o material utilizado na embalagem (devido a fatores ambientais) são fatores essenciais ao sucesso de um novo produto.

Mix de produtos e serviços

O *mix* de produtos de uma empresa se refere às diferentes linhas de produtos (abrangência – linha de limpeza, de alimentos), ao número total de itens oferecidos (extensão – xampu para cabelos crespos, lisos etc.) e às opções encontradas em cada produto da linha (profundidade – xampu para cabelos crespos com queratina, para crespos tingidos etc.) (Kotler, 2001).

A empresa que oferece um *mix* consistente em relação ao uso final, aos canais de distribuição, aos preços etc. tem maiores possibilidades de inovar, pois detém qualidades que lhe permitem expandir seus negócios com maior facilidade. A instituição pode adicionar novas linhas de produtos, ampliando seu *mix*, ou aumentar a extensão de cada linha e as opções para cada produto (Kotler, 2001).

> Outra decisão que pode ser tomada é a adição de novas linhas de produtos ou serviços, ampliando a abrangência do *mix*. A estratégia de extensão de linhas de produtos diminui os riscos no lançamento de uma nova marca. A vantagem é a otimização da marca e a busca da fidelidade do consumidor que procura inovação, além da possibilidade de uma segmentação mais efetiva de clientes. A desvantagem é que esse mesmo consumidor pode não gostar das mudanças.

As linhas de produtos permitem o desenvolvimento de novos produtos para novos segmentos diferentes da demanda atual, buscando aumentar o *market-share* da empresa. Por exemplo: a Nestlé possui uma linha de biscoitos chamada *Bono*, que oferece sabores diferentes, como chocolate, pão de mel e baunilha.

Uma ferramenta que a empresa pode utilizar para analisar seu *mix* de produtos é o **mapa de produtos**, que compara os seus itens com os do concorrente ou com segmentos de mercados. O mapeamento gera informações para embasar a tomada de decisões a respeito da necessidade de modernização, da redução e da extensão de linhas.

A empresa também pode optar por quais serviços serão agregados ao produto, como assistência técnica, manutenção, reparos, Serviço de Atendimento ao Consumidor (SAC) etc.

Perguntas e respostas

O que é *otimizar*?

Melhorar, aprimorar.

O que é *market-share*?

Pedaço do mercado que a empresa ou o produto possui.

Atendimento

O atendimento e as demais especificidades que garantem a satisfação do público-alvo da empresa não podem ser relevados quando do desenvolvimento de um novo produto ou serviço.

Sabe-se que o maior motivo da evasão de clientes de uma empresa (perto de 70%) é o mau atendimento. O fato de que os clientes querem ser respeitados e receber informações corretas acerca do produto pode ser um grande diferencial competitivo.

Nenhuma empresa pode prosperar ou conquistar novos mercados com clientes insatisfeitos. Imaginemos que a empresa X tem as seguintes características: a) o melhor produto no mercado de varejo de roupas masculinas; b) as melhores condições de pagamentos; c) está localizada em local privilegiado; e d) investiu maciçamente em comunicação. Então, o consumidor entra na loja e pergunta para o vendedor "Você tem cuecas masculinas tamanho GG?" e ele responde "Não sei! Dê uma olhada na prateleira no fundo da loja", dá com os ombros e desaparece.

Os produtos *commodities*, principalmente pelas semelhanças em relação ao preço e à qualidade com os demais concorrentes, acabam por encontrar no bom atendimento o grande diferencial. Porém, apenas sorrisos estampados e simpatia não resolvem o problema. **É preciso conhecimento acerca tanto do produto quanto do cliente, levando-se em conta que a excelência no atendimento está em conhecê-lo.** São perguntas essenciais: Que tipo de consumidor adquire o produto? Quais são as suas reais necessidades?

A empresa deve investir continuamente em treinamento dos funcionários e programas de incentivo. Pesquisas de perfil de consumidor devem ser realizadas e monitoradas e um banco de dados de clientes deve ser implantado e otimizado.

Perguntas e respostas

O que é *diferencial competitivo*?
É o atributo ou o conjunto de atributos que tornam a empresa única e superior aos seus principais concorrentes.

O que são *commodities*?
Em marketing, *commodities* são produtos que possuem pouca ou nenhuma diferenciação.

Classificações dos produtos

Os produtos possuem características básicas, denominadas *durabilidade, tangibilidade* e *uso* (Kotler, 2001). Além disso, podem ser classificados de acordo com seu grau de tangibilidade e por tipo de usuário.

Tangibilidade

A tangibilidade diz respeito à oferta que existe fisicamente (produto) e à oferta que não pode ser vista nem tocada (os serviços). Os conceitos de produtos *não duráveis, duráveis* e *serviços* explicitam melhor essa questão:

» **Não duráveis**: Referem-se a produtos tangíveis, os quais são consumidos rapidamente, contando com uma compra frequente. Devem estar disponíveis no maior número possível de pontos de venda. Comunicação de massa é a estratégia mais adequada. Exemplo: alimentos.

» **Duráveis**: São produtos de utilização mais duradoura, tendo como estratégia a venda pessoal e a agregação de serviços. Exemplos: um televisor ou um *jeans*.
» **Serviços**: São intangíveis e perecíveis. Exigem maior qualidade e credibilidade do fornecedor. As estratégias são o boca a boca e a comunicação dirigida. Exemplo: escritório de advocacia.

Tipo de usuário

Os produtos de uso podem ser industriais ou de consumo (Kotler, 2001). Os primeiros são aqueles adquiridos por empresas que usam o produto na industrialização de um outro. Já os de consumo são produtos destinados ao consumidor final e se classificam em:

» **De conveniência**: Apresentam compra frequente, imediata e com um mínimo de esforço. Exemplo: cigarros.
» **De compra comparada**: Ocorre uma comparação entre qualidade, atendimento, preço e *design*. Exemplo: *jeans*.
» **De especialidade**: Há uma disposição para se fazer um esforço extra a fim de adquirir determinado bem. Exemplos: a compra de um carro ou de um televisor de 42 polegadas.
» **Básicos**: Nesse caso, a compra é regular. Exemplo: óleo de cozinha.
» **Não procurados**: São os produtos desconhecidos pelo consumidor. Exemplo: seguros.

» **De impulso**: São comprados simplesmente por estarem perto do caixa do supermercado. Exemplo: chocolates.

» **De emergência**: São comprados apenas quando surge uma necessidade. Exemplo: guarda-chuva.

Já os produtos industriais classificam-se da seguinte forma, em relação ao processo produtivo e custo relativo (Berkowitz et al., 2000):

» **Bens de produção**: São os produtos utilizados na produção que se tornam parte do produto final (matéria-prima e peças).

» **Produtos de suporte**: São os bens de curta duração que têm por objetivo facilitar o gerenciamento do processo produtivo. Dividem-se em: instalações (construções), equipamentos (máquinas, computadores), suprimentos (material de escritório e ferramentas) e serviços (manutenção, limpeza e serviços jurídicos).

Serviços

Dados do Instituto Brasileiro de Geografia e Estatística (IBGE, 2014) apontam que os serviços representam 58% do Produto Interno Bruto (PIB) nacional. Em algumas economias mundiais, como na norte-americana, esse número já chega a 70% (Kotler, 2001).

Os serviços são ações ou atividades que uma empresa desempenha, nos quais existe a interação direta entre os funcionários da prestadora de serviço e os consumidores atendidos

(Grönroos, 1995), determinando a percepção dos consumidores acerca da qualidade oferecida. Conforme aponta Las Casas (1998, p. 15), a Associação Americana de Marketing (AMA) define *serviços* como "aquelas atividades, vantagens ou mesmo satisfações que são oferecidas à venda ou que são proporcionadas em conexão com a venda de mercadorias".

O serviço é **uma mercadoria comercializável isoladamente**, ou seja, um produto intangível, que não se pega, não se cheira, não se apalpa, geralmente não se experimenta antes da compra, mas permite satisfações que compensam o dinheiro gasto quando realizam desejos e necessidades dos clientes (Cobra, 1993).

Enquanto a automação vem abarcando as indústrias, fazendo com que elas inovem em processos e produtos, o setor de serviços ainda precisa do ser humano. O próprio varejo se vê obrigado a oferecer serviços agregados a seus produtos devido à pressão da concorrência e ao aumento da oferta de *commodities*. Entregas, montagem, pós-venda e crediário vêm aumentando suas participações, agregando-se a produtos. Até mesmo prestadoras de serviços puros, como clínicas, escolas, escritórios de advocacia, seguradoras e bancos, agregam valor a seus produtos intangíveis.

> Dados do Instituto Brasileiro de Geografia e Estatística (IBGE, 2014) apontam que os serviços representam 58% do Produto Interno Bruto (PIB) nacional. Em algumas economias mundiais, como na norte-americana, esse número já chega a 70% (Kotler, 2001).

> O grande desafio está, então, em mensurar a tangibilidade do serviço. Como tornar algo que não se vê e não se pega em algo físico? Por exemplo: quando você pede um empréstimo

ao banco, a maneira que a organização tem de tornar física a entrega desse serviço é por meio de um contrato.

Os consumidores percebem a qualidade do serviço comparando a qualidade experimentada com a qualidade esperada. Esta última representa os dados prometidos pela comunicação e imagem da empresa; já a experimentada refere-se à imagem criada pelo consumidor (Lovelock; Wright, 2001). A abordagem tradicional dos 4 Ps do marketing, desenvolvida por Jerome McCarthy nos anos 1960, refere-se à combinação das variáveis controláveis, que são:

» **Produto**: Decisões estratégicas em relação aos atributos físicos do produto.

» **Preço**: Justificável para o consumidor e fator competitivo com produtos similares de concorrentes.

» **Ponto**: Atividades que vão desde os aspectos físicos de levar o produto para o consumidor até a seleção dos canais de distribuição apropriados.

» **Promoção**: Todo o esforço da empresa em se comunicar com seu cliente.

Porém, aos serviços também se aplicam outros 3 Ps:

» **Pessoas**: A maioria dos serviços é prestada por pessoas, razão pela qual a seleção, o treinamento e a motivação dos funcionários são os diferenciais que resultam na satisfação do cliente.

» **Prova física**: Objetiva alcançar a qualidade dos serviços.
» **Processo**: Procura estabelecer processos eficazes para a execução do serviço.

Essas variáveis mostram a questão da intangibilidade dos serviços. A oferta somente se torna física para o consumidor quando ele interage com a empresa, sendo que esta pode ser afetada por alguns elementos. Grönroos (1995) argumentou que o marketing de serviços exige não apenas o marketing externo, mas também o interno e o interativo, os quais estão descritos a seguir:

» **Marketing externo**: Desenvolvimento do serviço, precificação, distribuição e promoção.
» **Marketing interno**: Treinamento e motivação dos funcionários para um bom atendimento.
» **Marketing interativo**: Habilidade de servir ao cliente.

Uma prestadora de serviços ganha muito ao executar um serviço com qualidade superior à da concorrência, ultrapassando as expectativas dos clientes (Kotler, 2001), as quais foram construídas pela comunicação da empresa, pela comunicação boca a boca e pelas experiências anteriores. Depois de receber o serviço, o cliente o compara àquele pelo qual esperava: caso o serviço recebido não tenha atendido às expectativas prévias, ele perderá o interesse pela empresa; caso contrário, provavelmente ele voltará (Kotler, 2001).

O grande desafio na diferenciação da prestação de serviços é que a maioria das inovações pode ser copiada rápida e facilmente. Por isso, a instituição que faz pesquisas com regularidade e introduz inovações contínuas pode obter uma sucessão de vantagens temporárias sobre seus concorrentes, ganhando reputação de inovadora e podendo, assim, conquistar clientes que optam pelo melhor serviço.

Essas vantagens devem ser comunicadas aos clientes – comunicação que vai além do funcionário, do consumidor e do processo. Para que a qualidade seja percebida, incluem-se também o ambiente físico, a tecnologia adotada, os equipamentos, o *layout* das lojas, a sinalização, as fachadas e a comunicação visual. Por serem intangíveis, os consumidores procuram indicativos de qualidade nos serviços prestados (Levitt, 1990).

Perguntas e respostas

O que é *layout*?

É o arranjo interior de produtos, móveis ou pessoas nas lojas a fim de maximizar a conveniência do cliente e melhorar sua movimentação.

Tipos de serviços

Os serviços, de acordo com Kotler (2001), podem ser divididos em:

a. **De consumo**: Serviços prestados diretamente ao consumidor final. Subdividem-se em:

› Conveniência – o consumidor não perde tempo em procurar uma prestadora de serviços, pois não há diferenças perceptíveis entre concorrentes.
› Escolha – demanda tempo do consumidor, pois são serviços com custos diferenciados.
› Especialidade – o consumidor empreende grande esforço para procurar uma prestadora, pois se tratam de serviços altamente técnicos ou especializados.

b. **Industriais**: Serviços prestados a determinada organização, tanto industriais quanto comerciais ou institucionais. Subdividem-se em:
› Equipamentos – serviços de instalação, manutenção, montagem etc.
› De facilidade – serviços financeiros, de limpeza, de seguros etc.
› De orientação – serviços que auxiliam no processo de tomada de decisão, como consultorias e pesquisas.

Segundo Kotler (2001), os serviços ainda apresentam algumas características, quais sejam:

a. **Intangibilidade**: Serviços não são físicos como os produtos, uma vez que não conseguimos tocá-los.
b. **Inseparabilidade**: Ao mesmo tempo em que são produzidos, os serviços também são entregues e, depois, consumidos e avaliados simultaneamente.
c. **Variabilidade**: Não existe uma uniformidade percebida.

d. **Perecibilidade:** Como não são estocados, os serviços exigem um estabelecimento de equilíbrio entre a oferta e a demanda.

Os serviços, diferentemente dos produtos, são avaliados apenas após o uso. A percepção da qualidade é influenciada fortemente pela experiência que o consumidor terá após a compra do serviço. Por isso, é importante perceber os esforços da empresa quando esta procura oferecer uma oferta que realmente atenda necessidades a fim de construir uma imagem positiva.

Síntese

Neste capítulo, vimos que produtos e serviços constituem algo disponível para atender a desejos e necessidades de consumidores e que seus atributos demandam decisões estratégicas.

Questões para revisão

1. (FCC, 2013 – Sergipe Gás S.A.) Acerca da gestão de serviços, é correto afirmar:
    a. Serviços em geral são mais simples e fáceis de entender, já que não dependem de aspectos físicos complexos.
    b. A oferta do serviço é intangível, isso quer dizer que em serviços não há importância para a parte material da oferta.
    c. Serviços só podem ser usados no momento em que são oferecidos, o que implica uma grande importância da gestão da demanda.

d. Em serviços oferecidos por pessoas, é fundamental que os processos sejam rígidos, para que as pessoas possam ser facilmente substituíveis.

e. Em serviços, o grau de abstração e personalização da oferta não permite que sejam implementados controles quantitativos de desempenho.

2. (FCC, 2013 – Banco do Brasil) O atendimento bancário pode ser classificado como um tipo específico de SERVIÇO. Como tal, apresenta uma série de características que posicionam esse produto nessa categoria. A característica que **não** pertence à categoria dos SERVIÇOS é a:

a. intangibilidade.
b. estocabilidade.
c. inseparabilidade.
d. perecibilidade.
e. heterogeneidade.

3. (Cesgranrio, 2012 – Banco do Brasil) Uma característica típica do marketing em empresas de serviços, que interfere decisivamente em sua gestão, é o fato de que sua prestação

a. ocorre simultaneamente ao consumo.
b. costuma não variar de cliente para cliente.
c. depende pouco dos funcionários e dos clientes.
d. pode ser estocada para as horas de movimento.
e. é facilmente percebida pelo cliente antes da compra.

4. (Cesgranrio – Biocombustíveis, 2010) Com relação ao marketing de serviços, analise as afirmativas a seguir:
   I. Serviços são considerados perecíveis porque não podem ser estocados.
   II. Serviços são geralmente produzidos e consumidos em momentos distintos.
   III. Os serviços são considerados intangíveis por não poderem ser vistos, tocados, sentidos ou provados antes de serem adquiridos.
   IV. Os serviços são invariáveis e podem ser reproduzidos exatamente da mesma maneira a cada vez que são ofertados.
   As afirmativas corretas são I e III. Por que II e IV são **incorretas**?

5. (Sesc – Concurso Público, 2010) A *Detached* é uma marca de moda básica masculina. Seu estilo prático e descolado projetou-a como líder de seu segmento. Como forma de se expandir para outro segmento, a marca planeja lançar a *Detached Kids*, com a versão de seus produtos para crianças. Como essa estratégia de marca se caracteriza?

capítulo 3
novos produtos e serviços

Conteúdos do capítulo

» Processo de geração de ideias de novos produtos e serviços.

» Identificação de formas de criação de estruturas organizacionais que auxiliem o gerenciamento do processo de desenvolvimento de novos produtos.

Com o grande desenvolvimento tecnológico que acompanhamos, muitas empresas já não conseguem competir baseadas somente na qualidade ou nos custos dos produtos oferecidos. Com a segmentação dos mercados cada vez maior, **oferecer inovações contínuas aos consumidores tornou-se um diferencial competitivo**. Segundo Baxter (1998), a competitividade está atrelada ao entendimento de vários interesses, como os de consumidores que desejam novidades, produtos de maior qualidade e menores preços, por um lado, e empresários que buscam retorno mais rápido do capital investido, por outro.

Assim, para o desenvolvimento de um novo produto ou para a melhoria de um já existente, algumas etapas são sugeridas, envolvendo o gerenciamento de uma série de atividades. Vários autores desenvolveram modelos de criação de novos produtos, contudo, vamos trabalhar com as etapas contidas no modelo a seguir, adaptado de Kotler (2001) e Berkowitz et al. (2000).

Estágios para o desenvolvimento de novos produtos e serviços

O processo de desenvolvimento de novos produtos ou serviços consiste em um planejamento que visa transformar ideias em ofertas que supram necessidades e desejos dos consumidores. Esse processo está organizado em etapas, que serão apresentadas mais detalhadamente na sequência.

Desenvolvimento da estratégia

Berkowitz et al. (2000) atribuem ao desenvolvimento da estratégia o nome de *mapeamento ambiental*. **Existe uma relação direta entre as condições do ambiente e a administração empresarial.** O entendimento dessa relação faz com que a organização caminhe para alcançar de maneira eficaz os seus objetivos, evitando que perca o foco necessário em novas ideias.

> O mapeamento ambiental, também chamado de *análise ambiental* ou *diagnóstico empresarial*, é a análise dos ambientes da empresa, que são o interno e o externo. Também chamada de *matriz Swot* – do inglês *strengths* (forças), *weaknesses* (fraquezas), *opportunities* (oportunidades) e *threats* (ameaças) –, é uma das ferramentas de diagnóstico mais utilizadas pelas empresas e pelo meio acadêmico.

A análise ambiental também é conhecida como *processo de identificação dos fatores que podem afetar o sucesso de marketing* – uma vez que nela são avaliadas, interpretadas e distribuídas informações sobre os ambientes para toda a organização (Nickels;

Wood, 1999). Influências sociais, políticas, tecnológicas, econômicas, fatores competitivos, concorrência e comportamento do consumidor são elementos levantados e analisados a fim de perceber tendências, prever cenários futuros e antecipar-se a possíveis ameaças.

> Monitorar o ambiente de marketing, identificar as necessidades dos consumidores e transformá-las em atributos que representem a inovação de produtos e serviços são a base para a manutenção da competitividade.

Os fatores internos da empresa também são analisados: clima organizacional, estratégias atuais, imagem da empresa, tecnologia utilizada, empregados, acionistas, fornecedores e parceiros se unem às variáveis externas na busca da identificação de novas oportunidades de produto, de novos mercados para os quais o produto será desenvolvido e o papel estratégico deste.

Monitorar o ambiente de marketing, identificar as necessidades dos consumidores e transformá-las em atributos que representem a inovação de produtos e serviços são a base para a manutenção da competitividade.

Geração de ideias

Entendida como uma fase inicial, a geração de ideias está relacionada, na maioria das vezes, à identificação de problemas ou às necessidades de consumidores. Uma empresa pode gerar grandes ideias de diversas maneiras, tais como:

» **Ouvindo seus clientes**: Reclamações ou sugestões enviadas por clientes são uma ótima fonte de novas ideias.

Mas, para isso, é preciso que a instituição tenha um canal de comunicação direto.

» **Ouvindo seus funcionários**: São pessoas que estão em contato direto com clientes, processos e fornecedores. A empresa deve incentivá-los a dar ideias e a questionar as pessoas envolvidas em suas atividades.

» **Observando relatórios de vendas**: O acompanhamento dos relatórios de vendas, quando desenvolvido de maneira planejada, traz informações sobre reclamações de clientes, surgimento de novas necessidades, problemas com a distribuição, preços, concorrência etc.

» **Observando os concorrentes**: Também é possível detectar oportunidades para novos produtos ou serviços percebendo os pontos fracos existentes na concorrência.

» **Contatando universidades e pesquisadores**: Também são fonte de oportunidades de novas ideias.

» **Utilizando-se do Departamento de Pesquisa e Desenvolvimento (P&D)**: Caso a empresa tenha esse departamento, cientistas desenvolvem pesquisas constantes em busca de inovações. O número de instituições que têm o departamento de P&D é muito pequeno, pois ele demanda investimentos volumosos.

Triagem das ideias

A triagem é a ação de filtrar ideias, na qual aquelas consideradas fracas – que não atendem a uma necessidade – são eliminadas. **As ideias devem conter a descrição do possível mercado-alvo,** da concorrência, dos custos de produção e do desenvolvimento, fornecendo uma análise econômica e de mercado. É preciso considerar a missão e os objetivos empresariais, o potencial de mercado do novo produto, os custos para seu desenvolvimento e sua produção, a taxa de retorno, entre outros elementos. A equipe deve analisar a atratividade de mercado para a nova ideia, o histórico de vendas de produtos similares e as informações necessárias para a viabilização do projeto.

Veja o que Hooley, Saunders e Piercy (2001) propõem para essa fase na figura a seguir.

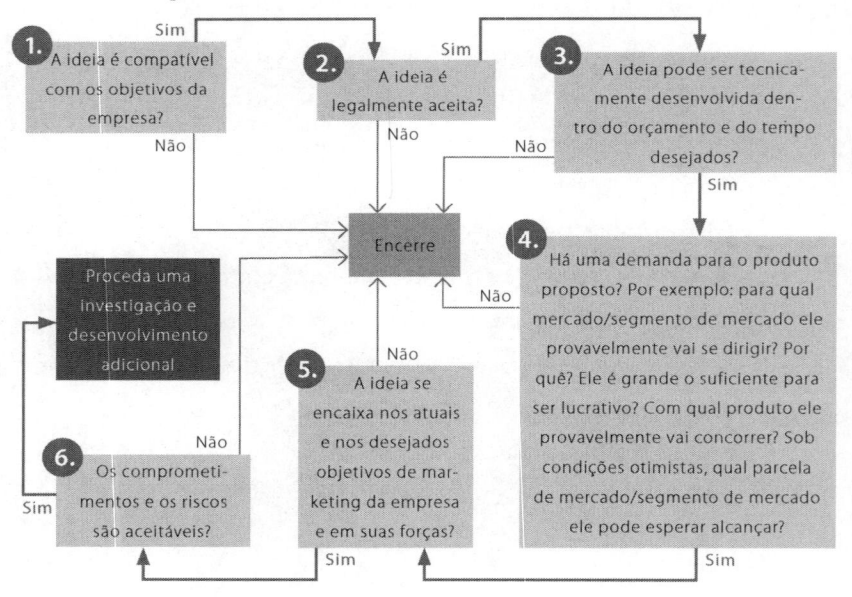

Figura 3.1 – Busca inicial das ideias de produto novo

1. A ideia é compatível com os objetivos da empresa? — Sim →
2. A ideia é legalmente aceita? — Sim →
3. A ideia pode ser tecnicamente desenvolvida dentro do orçamento e do tempo desejados? — Sim ↓
4. Há uma demanda para o produto proposto? Por exemplo: para qual mercado/segmento de mercado ele provavelmente vai se dirigir? Por quê? Ele é grande o suficiente para ser lucrativo? Com qual produto ele provavelmente vai concorrer? Sob condições otimistas, qual parcela de mercado/segmento de mercado ele pode esperar alcançar? — Sim ↓
5. A ideia se encaixa nos atuais e nos desejados objetivos de marketing da empresa e em suas forças? — Sim ↓
6. Os comprometimentos e os riscos são aceitáveis? — Sim → (Proceda uma investigação e desenvolvimento adicional)

Não → Encerre

Fonte: Adaptado de Hooley; Saunders; Piercy, 2001, p. 335.

O objetivo é eliminar a ideia assim que ela for considerada não ideal, para que a empresa não empreenda muitos esforços em uma proposta que se inviabilize durante o processo de criação. Já a ideia selecionada recebe uma descrição detalhada ou um desenho, passando assim para a próxima etapa: a do teste de conceito.

Perguntas e respostas

O que são *custos de produção*?
São os gastos realizados na aquisição dos fatores fixos e variáveis utilizados no processo produtivo.

O que é *taxa de retorno*?
É a medida de relação entre o valor ganho ou perdido e o valor de dinheiro investido.

O que é *demanda*?
É a quantidade de um bem ou serviço que os consumidores desejam adquirir em um mercado por um preço definido.

Teste de conceito ou teste preliminar

Nesse estágio, o produto ou o serviço já tem as especificações completas e, se for o caso, um protótipo. **O teste de conceito deve ser realizado antes do desenvolvimento total do projeto e é dirigido aos possíveis consumidores-alvo do produto.** Esse teste permite identificar como o consumidor percebe o produto ou serviço e se há consumidores em número suficiente dispostos a comprá-lo a um dado preço. Kotler (2001) propõe cinco questões a serem respondidas no teste de conceito:

1. O produto satisfaz a necessidade do cliente?
2. Outros produtos atualmente satisfazem essa necessidade?
3. O preço é razoável em relação ao valor?
4. O cliente compraria o produto?
5. Com que frequência o cliente usaria o produto?

Se a empresa possuir um protótipo do produto, ela pode realizar o teste reunindo grupos de potenciais consumidores, divididos por categorias (social, econômica etc). Com o auxílio de um questionário, que pode ser o sugerido por Kotler (2001), são registradas as reações individuais e, com isso, é possível determinar o perfil dos compradores potenciais. É necessário repetir o processo até que se obtenha a confirmação das observações.

> **Perguntas e respostas**
> O que é *protótipo*?
> Um produto que está em desenvolvimento e ainda não foi liberado para comercialização.

Análise de viabilidade de mercado

A análise de viabilidade vai determinar se um produto ou serviço é viável ou não. **É um estudo financeiro que estabelece as possibilidades econômicas e financeiras de um determinado projeto de produto ou serviço.** Para sua realização, são efetivadas as projeções de vendas, os custos e os lucros, a fim de verificar se esses fatores satisfazem os objetivos da empresa (Kotler, 2001). É preciso estimar se as vendas podem gerar resultados positivos e qual o prazo de recuperação do investimento, ou seja, o tempo que será necessário para recuperar o montante investido. Com a fórmula a seguir, é possível calcular o prazo de retorno:

> Prazo de retorno do investimento =
> investimento × 100/lucro líquido

A análise de viabilidade também é um estudo comercial por meio do qual podem ser feitas as análises necessárias sobre estratégias competitivas que assegurem uma demanda suficiente, identificando riscos relacionados à matéria-prima, como riscos legais, verificação com fornecedores e distribuidores sobre interesse pelo projeto, entre outros.

Teste de mercado

O teste de mercado, apesar de ser altamente confiável, é oneroso e complexo, pois demanda estudos demográficos e geográficos. **É um tipo de pesquisa de mercado que tem por objetivo avaliar as possibilidades de sucesso de um novo produto.** Normalmente, é desenvolvido por meio da observação controlada do desempenho do produto em uma área restrita, mas representativa, do mercado-alvo.

> O teste de mercado é imprescindível para reduzir os riscos no lançamento de um novo produto.

O teste de mercado pode ser realizado de várias maneiras, entre os quais destacamos os dois modelos a seguir:

» **Mercado-teste**: É a restrição do lançamento de um produto a uma zona específica, como um bairro, uma cidade ou uma região. O objetivo é efetuar uma avaliação da *performance* obtida para depois prever a demanda. Esse teste possibilita, ainda, um melhor conhecimento da concorrência, pois faz uma previsão do comportamento do mercado e do desempenho do produto.

» **Mercado-controlado**: Por meio de parcerias, a empresa disponibiliza o novo produto em um número preestabelecido de lojas e em determinadas localidades. Inicia-se, então, o controle da posição do produto nas prateleiras, do *merchandising* (*displays*, degustação, ilhas etc.) e dos preços. Pode ser realizada uma pesquisa de opinião com consumidores, mas o objetivo é testar o impacto da comunicação e dos fatores internos das lojas, sem envolver o consumidor.

O teste de mercado é imprescindível para reduzir os riscos no lançamento de um novo produto.

Comercialização – *time-to-market*

> **Outras decisões, como localidades para lançamento, consumidores potenciais e estratégias devem ser levadas em consideração, procurando-se elaborar um plano de ação.**

A hora certa para um novo produto entrar no mercado é uma questão de difícil resposta. Ele pode ser introduzido antes da concorrência, podendo ser reconhecido como líder, paralela ou posteriormente a ela. Essa última opção, segundo Kotler (2001), traz grandes vantagens para a empresa líder. Já o concorrente, como procura seguir a tendência de mercado, assume todos os riscos de um insucesso. Outras decisões, como localidades para lançamento, consumidores potenciais e estratégias devem ser levadas em consideração, procurando-se elaborar um plano de ação.

Apresentamos agora o modelo proposto por Kaplan e Norton (1997), com o intuito de analisarmos outro modelo de desenvolvimento de um novo produto ou serviço.

Quadro 3.1 – Modelo para o processo de desenvolvimento de um novo produto ou serviço

Inovação	Operação	Pós-venda
Detecção da necessidade do cliente	Geração do produto ou serviço	Atendimento ao cliente
Identificação do mercado	Entrega	Satisfação da necessidade
Criação da oferta		

Fonte: Baseado em Kaplan; Norton, 1997, p. 45-67.

Podemos perceber que os conceitos básicos de marketing estão embutidos nesse modelo. A proposta é a seguinte: sempre que uma nova necessidade for detectada, a empresa deve inovar e acompanhar todo o processo, mantendo um trabalho de pós-venda para obter um *feedback* contínuo da satisfação do cliente. O objetivo é antecipar-se, agregando novos valores antes da concorrência.

Ciclo de vida de produtos e serviços

Assim como nós, seres humanos, os produtos também têm ciclo de vida: nascem, crescem, amadurecem e morrem. Por exemplo: Você investiria na produção de fitas VHS? Claro que não, pois esse produto está na fase de declínio/morte em seu ciclo de vida.

O meio de acompanharmos o ciclo de vida de um produto ou serviço é olhar para o futuro. Como esse ciclo está cada vez menor, ou seja, o tempo de maturidade de um produto diminui a cada dia, a solução é inovar e buscar novos segmentos de mercado. Para cada fase, é necessário o desenvolvimento de estratégias diferenciadas. Vamos retomar a matriz de Porter (reveja a Figura 1.1 do Capítulo 1).

Introdução

A fase de introdução do produto tem como característica a lentidão e exige investimento e crescimento das vendas. Para isso, é preciso:

» investir em comunicação;
» acompanhar o nível de aceitação do produto;
» analisar os concorrentes;
» corrigir as falhas.

A empresa pode optar por algumas estratégias que podem auxiliá-la nessa fase, entre as quais podemos destacar as seguintes:

» **Desnatamento rápido**: Lançamento do novo produto a um preço elevado, com altos gastos em comunicação. A empresa pode obter o maior lucro possível por unidade e alcançar rápida penetração de mercado.

» **Desnatamento lento**: Lançamento do novo produto a um preço alto, mas com baixos investimentos em comunicação, oferecendo à empresa a possibilidade de obter o maior lucro possível. Essa estratégia é utilizada quando os níveis de concorrência são baixos.

» **Penetração rápida**: Lançamento do novo produto a um preço baixo, mas com alto investimento em comunicação, acelerando o processo de penetração e conquista de mercado.
» **Penetração lenta**: Lançamento do novo produto a preço baixo e com pouco investimento em comunicação. Em razão de um preço mais acessível, possibilita uma maior aceitação do produto pelo mercado.

Crescimento

Nessa fase, o produto passa a ter aceitação de mercado e as vendas e a concorrência aumentam. Nesse momento, é preciso:

» melhorar a qualidade do produto e agregar novos atributos;
» buscar novos segmentos de mercado e aumentar a cobertura por meio de novos canais;
» alterar os apelos de comunicação;
» desenvolver estratégias de preços e promoções para atrair novos consumidores.

Maturidade

Essa fase é marcada pela estabilização das vendas e do lucro. Para que o produto não entre em declínio, é preciso que algumas estratégias sejam desenvolvidas, tais como:

- » expansão do mercado buscando novos usos para o produto, novos segmentos e o aumento das taxas de consumo;
- » atualização do produto, melhorando a qualidade, o *design*, o desempenho etc;
- » alteração de preços, de modo a melhorar a distribuição, utilizar novos serviços e novas ferramentas de comunicação – como a propaganda, a venda pessoal e o marketing de relacionamento – ou, até mesmo, relançar o produto com alguma inovação.

Declínio

O declínio pode acontecer por diversos fatores, como forte concorrência e alterações nos padrões de consumo, e tem como característica uma grande queda nas vendas e nos lucros. Nesse estágio, **a empresa deve decidir se mantém, modifica ou abandona o produto e se retrai, ou se recupera ou desacelera seus investimentos**. Uma boa sugestão para a instituição que escolhe abandonar é começar a diminuir lentamente os canais de distribuição, começando pelos mais fortes (aqueles com maior concentração de vendas).

Curva de experiência

Quando uma empresa não consegue produzir a custos mais baixos, tendo como consequência a incapacidade de praticar preços inferiores aos do mercado, isso se torna um fator complicador quando ela resolve desenvolver um novo produto. Para amenizar esse problema, o Boston Consulting Group (BCG) desenvolveu a **teoria da curva de experiência**, a qual visa equacionar estratégias de custos e preços, fazendo com que a empresa busque a compensação das perdas iniciais nas fases posteriores do ciclo de vida do produto (Ghemawat, 2000).

Gráfico 3.1 – Curva de experiência

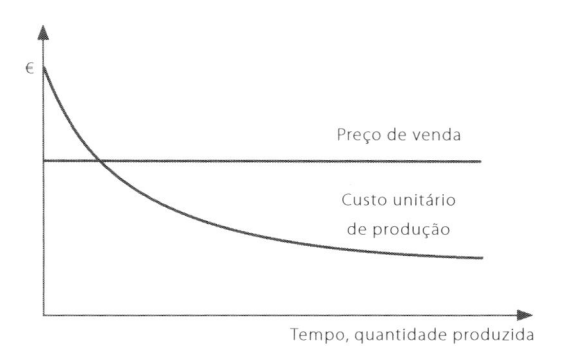

[Gráfico: eixo vertical em €, eixo horizontal "Tempo, quantidade produzida". Uma linha horizontal representa o "Preço de venda" e uma curva decrescente representa o "Custo unitário de produção", que inicialmente está acima do preço de venda e depois fica abaixo.]

Fonte: Baseado em Ghemawat, 2000, p. 144.

No entanto, em um mercado de concorrência acirrada como o nosso, isso pode não acontecer. Assim, a teoria sugere que a empresa:

» deve investir continuamente na valorização, qualificação e motivação de seus funcionários e de suas competências, a fim de ganhar experiência e encurtar ao máximo as fases de lançamento e crescimento do produto, períodos em que os custos de produção são superiores aos preços de venda;

» deve investir continuamente na melhoria dos processos de fabricação e distribuição de seus produtos.

Assim, à medida que ganha experiência, a organização consegue produzir a custos mais baixos, o que favorece a inovação. Caso contrário, a curva traz um cenário pessimista para quem pensa em desenvolver um novo produto. No caso do comércio e das prestadoras de serviços, a teoria também se aplica, uma vez que, apesar de não criarem novos produtos, esses segmentos também precisam entregar valor a seus clientes, principalmente por meio de serviços, desenvolvendo um processo de aprendizagem contínuo. Afinal, a competitividade está relacionada à obtenção de vantagens, sendo que, para tal feito, **é preciso aprender a inovar nas compras, na escolha dos fornecedores e das distribuidoras, na contratação de funcionários, no acompanhamento dos concorrentes, na pós-venda e no conhecimento profundo de seus clientes.**

Os diferenciais não estão restritos às inovações tecnológicas desenvolvidas pelas indústrias, mas também dizem respeito a um conjunto de competências e capacitações necessárias à manutenção de uma empresa no mercado. Quando Porter (1993) conceitua *cadeia de valor*, esta deve ser estendida ao comércio e à prestação de serviços, que podem buscar vantagens competitivas em qualquer etapa da cadeia, gerando novas oportunidades de negócios.

Estratégias de portfólio de produtos

A empresa que aposta na inovação contínua pode atingir algumas vantagens competitivas em relação à concorrência, como pudemos observar anteriormente. De forma mais detalhada, temos as seguintes vantagens:

» **Curva de experiência**: A empresa que atua na curva de experiência atinge custos unitários menores (vantagens de custos) e acumula maior experiência.

» **Externalidades de rede**: Quanto maior o número de clientes consumindo determinado produto, maiores os benefícios individuais.

» **Imagem da empresa**: Quando ocorre incerteza na hora da decisão de compra, o consumidor provavelmente optará por aquela empresa que já tenha estabelecido uma reputação no mercado.

» **Custos de mudança para o cliente**: Quando o cliente já desenvolveu conhecimento dos produtos baseado na marca, fica mais difícil a transferência para uma substituta.

Mas quando uma empresa deve inovar?

A análise do portfólio de produtos Boston Consulting Group (BCG), citada por Oliveira (1996), é uma matriz baseada no ciclo de vida do produto que auxilia as empresas a identificarem o momento de inovar. Segundo essa matriz, **uma organização deve ter um portfólio que concentre produtos com altas taxas de crescimento e outros com baixo crescimento (geradores de receita)**. Por meio de duas variáveis – taxa de crescimento do mercado e quota de mercado relativa da empresa – que se relacionam com o fluxo de caixa dos produtos analisados, os produtos são distribuídos em quatro fases:

1. **Vacas leiteiras**: Produtos com alta participação em mercados de baixo crescimento, mas que proporcionam altos lucros.
2. **Estrelas**: Produtos líderes em mercados de alto crescimento, mas que possuem fluxo de caixa equilibrado.
3. **Crianças-problemas ou dúvidas**: Produtos posicionados em mercados com altas taxas de crescimento, mas com baixa participação, e que demandam altos investimentos. Sem a adoção de uma estratégia adequada, podem se tornar abacaxis.
4. **Abacaxis ou cachorros**: Produtos posicionados em mercados com baixas taxas de crescimento e com participação inferior, gerando fluxo de caixa negativo. São aqueles produtos dos quais a empresa acaba por desistir.

Figura 3.2 – Análise de portfólio de produtos

	Participação Relativa de Mercado		
Crescimento do Mercado	ESTRELA	DÚVIDA	ALTO
	VACA LEITEIRA (Gerador de Caixa)	ABACAXI (Gerador de Problemas)	BAIXO
	ALTO	BAIXO	

Fonte: Kotler, 2001, p. 91.

Apesar de essa matriz oferecer uma análise estratégica baseada apenas nos fatores crescimento de mercado e participação de mercado, ela possibilita a projeção de movimentos estratégicos para cada produto do portfólio, conforme indica a figura a seguir.

Figura 3.3 – Chances de sucesso de um novo produto

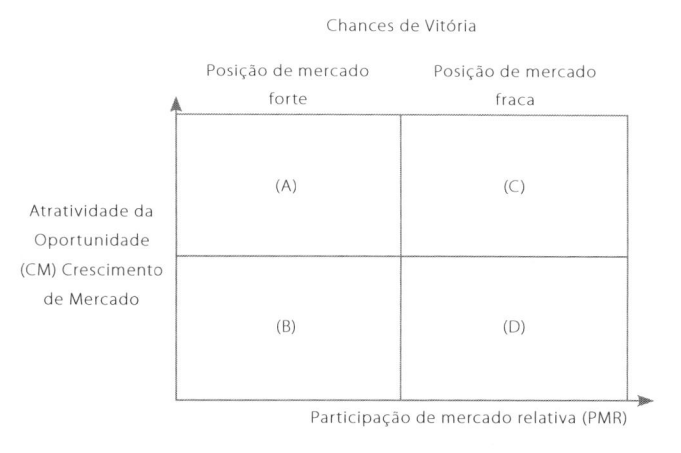

Chances de Vitória

	Posição de mercado forte	Posição de mercado fraca
Atratividade da Oportunidade (CM) Crescimento de Mercado	(A)	(C)
	(B)	(D)

Participação de mercado relativa (PMR)

Notas:
(A) PMR acima do concorrente e CM acima da média
(B) PMR acima do concorrente e CM abaixo da média
(C) PMR abaixo do concorrente e CM acima da média
(D) PMR abaixo do concorrente e CM abaixo da média

Fonte: Gracioso, 1990, p. 64.

Os quadrantes A, B, C e D são, respectivamente, estrela, vaca leiteira, criança-problema e abacaxi. Como vimos anteriormente, também podemos encontrar diferenças nessas denominações. Alguns livros fazem referência a essas fases como estrela, vaca-caixeira, ponto de interrogação e cão.

Já Urban e Hauser (1993) afirmam que o **lançamento de novos produtos ou serviços é muito arriscado** – podendo representar perdas significativas para a organização – e indicam os principais fatores que podem levar ao sucesso ou insucesso, apresentados na figura a seguir.

Figura 3.4 – Fatores de sucesso e de insucesso no lançamento de produtos

Fatores de sucesso	Motivos de insucesso
» Responsividade às necessidades dos consumidores » Elevado valor acrescentado para os clientes » Produtos inovadores » Superioridade técnica » Sistema de apoio à decisão e à análise » Ambiente competitivo favorável » Adequação da organização à indústria » Comunicação interfuncional » Compromisso de gestão de topo » Processo disciplinado de desenvolvimento » Departamento dinâmico de desenvolvimento » *Time-to-market* reduzido » Aversão a riscos desnecessários » Estratégia global » Orientação para a qualidade e a satisfação do consumidor	» Mercado reduzido » Falhas de previsão » Produtos pouco inovadores » Fraco retorno do investimento » Problemas organizacionais » Falhas na coordenação interfuncional » Mudanças no gosto dos consumidores » Fraco posicionamento estratégico » Inadequado tratamento do canal distribuidor » Mutações tecnológicas durante o desenvolvimento » Processo disciplinado de desenvolvimento de novos produtos » Mudanças no ambiente competitivo » Fraco serviço pós-venda

Fonte: Adaptado de Moreira, 2005, p. 25.

Assim, Urban e Hauser (1993) apontam duas estratégias para o desenvolvimento de produtos: as reativas e as proativas.

As reativas têm por objetivo defender o mercado existente da empresa. Uma dessas estratégias é a de **imitação**. A organização copia a inovação da concorrência, lançando-a posteriormente, mas com melhorias significativas. Já as estratégias proativas estão baseadas em pesquisa e desenvolvimento, antecipando as necessidades dos consumidores e atribuindo-lhe uma superioridade única. Para Cooper (1994), alguns dos fatores de sucesso de um produto e que lhe atribuem essa superioridade seriam características únicas e preço ou *performance* superior aos produtos concorrentes, além de um benefício que seja visível ao consumidor.

Mensuração da demanda

Antes de lançar um novo produto, **a empresa deve identificar se o mercado é suficientemente grande para esse processo e se haverá lucros**. É preciso mensurar a demanda do novo produto, ou seja, medir e prever o tamanho, os níveis de crescimento e o potencial de lucros do mercado. Após esse trabalho, é possível prever as vendas.

O potencial de mercado é o limite da demanda que uma empresa pode atingir. Para Kotler (2001, p. 144), é o "volume máximo de vendas que pode estar ao alcance de todas as empresas de um setor em um determinado período, em um determinado nível de esforço de marketing do setor e sob determinadas condições ambientais".

> Outros métodos de mensuração de demanda dos produtos a serem levados em consideração são a visão da força de vendas, a opinião de especialistas e outros indicadores que auxiliam na precisão da demanda futura.

Quadro 3.2 – Mensuração da demanda

		Nível temporal		
		Curto prazo	Médio prazo	Longo prazo
Nível espacial	Mundo			
	Brasil			
	Região			
	Território			
	Cliente			
Nível de produto	Vendas totais			
	Vendas setoriais			
	Vendas da empresa			
	Vendas por linha de produto			
Nível de Produto	Vendas de forma de produto			
	Vendas de itens de produto			

Fonte: Baseado em Kotler, 2001, p. 151.

Conforme podemos observar no Quadro 3.4, a demanda pode ser mensurada em cinco diferentes níveis espaciais, referentes a produto e níveis de tempo. É claro que outra variável para a mensuração da demanda dos produtos pode ser tanto a análise da conjuntura econômica de seu país quanto as técnicas de pesquisa de marketing – entrevista com consumidores, *focus group* e experimental, por exemplo. Outros métodos a serem levados em consideração são a visão da força de vendas, a opinião de especialistas e outros indicadores que auxiliam na precisão da demanda futura.

A mensuração da demanda pode ser entendida por meio do acompanhamento do método *market build-up*, apresentado por

Hooley, Saunders e Piercy (2001, p. 51) – o qual identifica todos os compradores potenciais em cada mercado e estima suas compras potenciais –, exposto a seguir:

$$D = n \cdot q \cdot p$$

Em que:

» D = demanda total de mercado.
» n = número de compradores do mercado.
» q = quantidade comprada anualmente por consumidor médio.
» p = preço médio unitário.

É muito difícil prever vendas de novos produtos. Hooley, Saunders e Piercy (2001) afirmam que a média de erros chega a 65% – por isso a importância dos testes de conceito e pré-teste, análises de cenários e pesquisas de mercado.

Construção de cenários

O estudo de cenários é uma ferramenta que possibilita a criação de modelos mentais de futuros alternativos, a fim de que se possam tomar decisões de riscos reduzidos sobre as variáveis externas de impacto nos negócios da empresa. **É uma combinação do diagnóstico ambiental com a visualização das possíveis tendências**, buscando responder "o que acontecerá se..." (Braga; Monteiro, 2005, p. 103).

> Bethlem (1999, p. 183) define essa ferramenta como "um texto escrito em que se apresentam sequências hipotéticas de situações complexas, construídas com o propósito de concentrar a atenção nos processos causais e pontos de decisão e facilitar a decisão na situação de incerteza e ignorância parcial em que se encontram os decisores". A dificuldade está em combinar o grande número de variáveis construindo as possíveis alternativas.

Basicamente, são dois modelos adotados: um projetivo e um prospectivo. O modelo projetivo tem por objetivo **explicar o futuro pelo estudo do passado**. Já o prospectivo **considera as diferentes possibilidades de futuro**, sendo que para cada uma delas são desenhadas as possíveis decisões.

São vários os métodos para a construção de cenários, compostos, de acordo com Buarque (2003), de técnicas que vão servir ao processo, como o Método Delphi (consenso de opiniões de um grupo de especialistas a respeito de eventos futuros). Já a metodologia de Porter (2004) para a elaboração de cenários está baseada em seu modelo das cinco forças competitivas, conforme ilustrado a seguir.

Figura 3.5 – Cinco forças competitivas

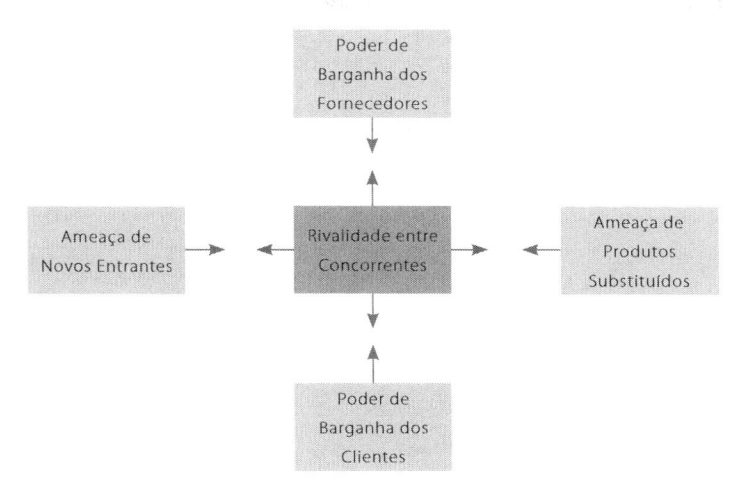

```
                    ┌─────────────┐
                    │   Poder de  │
                    │ Barganha dos│
                    │ Fornecedores│
                    └──────┬──────┘
                           ▼
┌────────────┐      ┌─────────────┐      ┌────────────┐
│  Ameaça de │─────▶│ Rivalidade  │◀─────│ Ameaça de  │
│   Novos    │      │    entre    │      │  Produtos  │
│ Entrantes  │      │ Concorrentes│      │Substituídos│
└────────────┘      └──────┬──────┘      └────────────┘
                           ▲
                    ┌──────┴──────┐
                    │   Poder de  │
                    │ Barganha dos│
                    │   Clientes  │
                    └─────────────┘
```

Fonte: Porter, 1986, p. 50.

De acordo com Paixão (2011), o modelo diz que a empresa deverá analisar as cinco forças competitivas que definirão a estrutura da competição, permitindo o desenvolvimento de estratégias baseadas no conhecimento do setor em que a empresa atua. São elas:

» **Ameaça de novos concorrentes**: A empresa deve estar atenta ao surgimento de novos concorrentes que poderão afetá-la, como o aumento dos custos e a queda de preços.

» **Poder de negociação dos fornecedores**: Os fornecedores podem elevar preços ou reduzir a qualidade dos bens ou serviços fornecidos.

» **Poder de negociação dos clientes**: Os compradores competem com a indústria forçando os preços para baixo.

» **Vulnerabilidade a produtos substitutos**: Os produtos substitutos reduzem os retornos potenciais da indústria. A empresa deverá ter competência para substituir seus próprios produtos ou estar preparada para a pressão que poderá sofrer sobre os lucros.

» **Grau de rivalidade entre empresas concorrentes**: A concorrência pode acarretar briga de preços, introdução de novos serviços, aumento de publicidade, entre outros.

A metodologia de Porter (2004) sugere alguns passos para a construção dos cenários:

» Identificar as incertezas que possam impactar no futuro da empresa.
» Determinar as principais causas das incertezas e as possíveis alternativas para cada variável identificada.
» Selecionar as variáveis de maior independência e maior grau de impacto para análise mais criteriosa.
» Definir as configurações das variáveis e elaborar suposições sobre elas.
» Construir os cenários a partir das configurações mais consistentes de cada variável.
» Analisar as implicações de cada cenário sob a ótica das cinco forças competitivas.
» Introduzir variáveis relacionadas à concorrência.
» Definir a estratégia de acordo com as alternativas relativas aos cenários.

Pesquisas de mercado

Como um dos componentes da pesquisa de marketing, as pesquisas de mercado têm por objetivo interpretar dados que levem a descobertas relevantes sobre um problema específico de marketing, como a inovação em produtos e serviços.

> A pesquisa de mercado é uma ferramenta para auxiliar na tomada de decisão. Para a oferta de novos produtos ou serviços, ela garante informações que reduzam os riscos no direcionamento dos recursos a fim de entrar em novos segmentos, verificar níveis de satisfação dos clientes e estrutura dos concorrentes, entre outros.

Gagliardi (2008) aponta cinco tipos de pesquisa de mercado: sobre mercado-alvo, sobre os concorrentes, sobre os canais de distribuição, sobre produtos e serviços e sobre as últimas transações realizadas. Os métodos mais usados são:

» **Pesquisas qualitativas**: São realizadas com pequenos grupos de consumidores, chamados de *focus groups* (grupos focais). São subjetivas e têm como objetivo identificar comportamentos.

» **Pesquisas quantitativas**: São estatísticas, fazem uso de questionários e cálculo de amostra e têm como objetivo fazer inferências.

» **Técnicas de observação**: Observação da interação entre produtos e consumidores, bem como do comportamento de compra.

» **Técnicas experimentais:** Avaliam a reação do consumidor a certas características físicas do produto, como sabor, cor, tamanho, embalagem e desempenho, como o *test-drive*.

Definição de mercados

> A organização também deve definir seus mercados de atuação em função da atratividade, das perspectivas de crescimento, do potencial e da concorrência. Esses dados são extraídos dos cenários construídos.

A definição dos mercados nos quais a empresa pretende atuar com novos produtos leva em consideração questões de "medição e comparação competitiva convencional" (Gagliardi, 2008, p. 263) e as necessidades do consumidor. A organização também deve definir seus mercados de atuação em função da atratividade, das perspectivas de crescimento, do potencial e da concorrência. Esses dados são extraídos dos cenários construídos.

Day (1990) afirma que os mercados podem ser divididos de duas maneiras: os definidos pelos clientes (atendimento às necessidades dos consumidores) e os definidos pela concorrência. Vale a pena lembrar que um mercado é formado por todos aqueles consumidores potenciais que possuem a mesma necessidade ou o mesmo desejo específicos e que estão dispostos a fazer uma troca que satisfaça a essa necessidade ou a esse desejo.

Posicionamento dos novos produtos

O posicionamento é "uma declaração dos mercados-alvo, isto é, onde a empresa irá competir e a vantagem diferencial, ou seja, como a empresa irá competir" (Hooley, Saunders e Piercy, 2001,

p. 51). Trata-se da criação de superioridade da marca na mente dos consumidores.

De acordo com Porter (1986), a essência do posicionamento estratégico pode acontecer de três maneiras diferentes, a saber:

1. **Baseada na variedade**: Quando uma empresa produz um determinado produto ou serviço melhor do que os rivais, utilizando conjuntos distintos de atividades.
2. **Baseada em necessidades**: Quando existem grupos de consumidores com diferentes necessidades e um conjunto integrado de atividades satisfaz melhor essas necessidades.
3. **Baseada no acesso**: Quando se satisfazem as necessidades específicas de um conjunto de consumidores.

A estratégia de posicionamento é desenvolvida com base no diferencial do produto e será representada como uma vantagem competitiva (Wind, 1982), levando em conta as seguintes características:

» **Atributo**: O produto é posicionado como líder em determinado atributo.
» **Uso/aplicação**: O produto é o melhor para algum uso ou alguma aplicação.
» **Benefício**: O produto é entendido como líder em determinado benefício.
» **Usuário**: O produto é o melhor para algum grupo de consumidores.

» **Categoria de produto**: O produto é posicionado como líder de determinada categoria de produto.

» **Qualidade/preço**: O produto é compreendido como aquele que oferece o maior valor, ou seja, maior qualidade pelo maior preço ou menor preço pela menor qualidade.

> O posicionamento cria uma razão convincente para o mercado-alvo comprar um produto. Este pode ser variado, mas nem todas as diferenças são significativas o suficiente para valerem a pena tanto economicamente para a empresa quanto para a realização de desejos e necessidades dos consumidores a ponto de trocarem um produto por outro.

Podemos acompanhar os diferenciais, que estão explicitados a seguir, que podem ser desenvolvidos em produtos já existentes para que a empresa crie um diferencial competitivo, analisando características de cada segmento de produção.

» **Produto**: Desempenho, padrão, *design*, manutenção, durabilidade, confiabilidade, conformidade, facilidade de conserto e estilo.

» **Serviços**: Facilidade, rapidez, entrega, treinamento, orientação ao cliente, instalação, treinamento do consumidor, serviço de consultoria, manutenção, conserto e serviços diversos.

» **Pessoas**: Competência, cortesia, credibilidade, prontidão e comunicação.

- » **Canal**: Cobertura e experiência.
- » **Imagem**: Símbolos, personalidade, mídia, credibilidade e experiência.

Para um maior entendimento do assunto, observe o quadro a seguir.

Quadro 3.3 – Modelo SAP – Segmentação, Alvo (público-alvo) e Posicionamento

Segmentação de mercados	Seleção de mercados-alvo	Diferenciação e posicionamento
» Identificação das variáveis de segmentação de mercado » Desenvolvimento do perfil dos segmentos selecionados	» Avaliação da atratividade de cada segmento » Seleção dos segmentos-alvo	» Verificação das possibilidades de diferenciação » Comunicação ao mercado visando posicionar o produto

Fonte: Elaborado com base em Kotler, 2001.

Para Kotler (2001), o marketing estratégico está baseado na segmentação, na seleção de mercados-alvo e no posicionamento – modelo SAP – conforme ilustrado no Quadro 3.3.

Todos os produtos e serviços podem ser diferenciados. O *posicionamento*, para Kotler (2001), "é o ato de desenvolver a oferta e a imagem da empresa, de forma que ocupem um lugar distinto e valorizado nas mentes dos consumidores-alvo". Assim, o principal objetivo do posicionamento é criar uma imagem única da empresa na mente dos consumidores.

O produto na visão dos 4 As

Raimar Richers, professor nascido na Suíça e naturalizado brasileiro, foi um dos pioneiros do marketing no Brasil e responsável pela introdução da disciplina no país. Para ele, o marketing é um sistema de quatro fases, os conhecidos 4 As: **análise**, **adaptação**, **ativação** e **avaliação** (Richers, 1985).

A utilização desse sistema no desenvolvimento de um novo produto possibilita que enxerguemos meios para desenvolver um planejamento mais eficaz de marketing para os produtos da empresa. Vejamos, a seguir, as características de cada fase desse sistema.

Análise

Compreensão das forças do mercado em que a empresa está inserida ou pretende se inserir, por meio da busca e do processamento de informações necessárias ao processo decisório, identificando oportunidades, ameaças, mudanças no comportamento dos consumidores e tendências do mercado.

Adaptação

Ajuste da oferta da empresa (produtos, linhas de produtos, serviços) às forças externas do mercado. O objetivo é que o produto seja sempre adaptado às necessidades e aos desejos dos clientes e ao seu ciclo de vida. São reformulações de *design*, embalagem, assistência, garantia e demais atributos.

Ativação

Enquadram-se aqui a comunicação integrada do produto e sua distribuição. O objetivo é colocar o produto em mercados pre-definidos para que sejam adquiridos pelos consumidores na quantidade e na frequência desejadas, após estes terem sido atraídos pela propaganda.

Avaliação

É o controle e o monitoramento das ações para ajustar os processos e conquistar melhorias de desempenho.

Mais uma vez, podemos perceber que a inovação está diretamente ligada ao monitoramento do mercado. Richers (1985) afirma que os objetivos básicos do marketing são detectar espaços abertos, oportunidades e demandas não satisfeitas e ocupar esses espaços. Essa ocupação ocorreria por meio do desenvolvimento de uma oferta específica e de valor para o nicho de mercado encontrado.

Colocando em prática: BMG e *Design Thinking*

De acordo com Clancy e Shulman (1994), quase todos os produtos novos fracassam. Uma forma de auxiliar o gestor a introduzir melhorias ou novos produtos e serviços no mercado é considerada no quadro do Business Model Generation (BMG), ou Modelo Canvas de negócios, proposto por Alexander Osterwalder em 2004. Trata-se de um manual, um mapa com nove blocos que auxiliam na elaboração de um planejamento de forma objetiva, colocando o foco em pontos-chave e permitindo uma visão sistêmica. A metodologia, baseada em uma tela pré-formatada, vem auxiliando na abertura de novos negócios, mas também pode ajudar muito no desenvolvimento de novas ofertas.

Figura 3.6 – Business Model Generation (BMG)

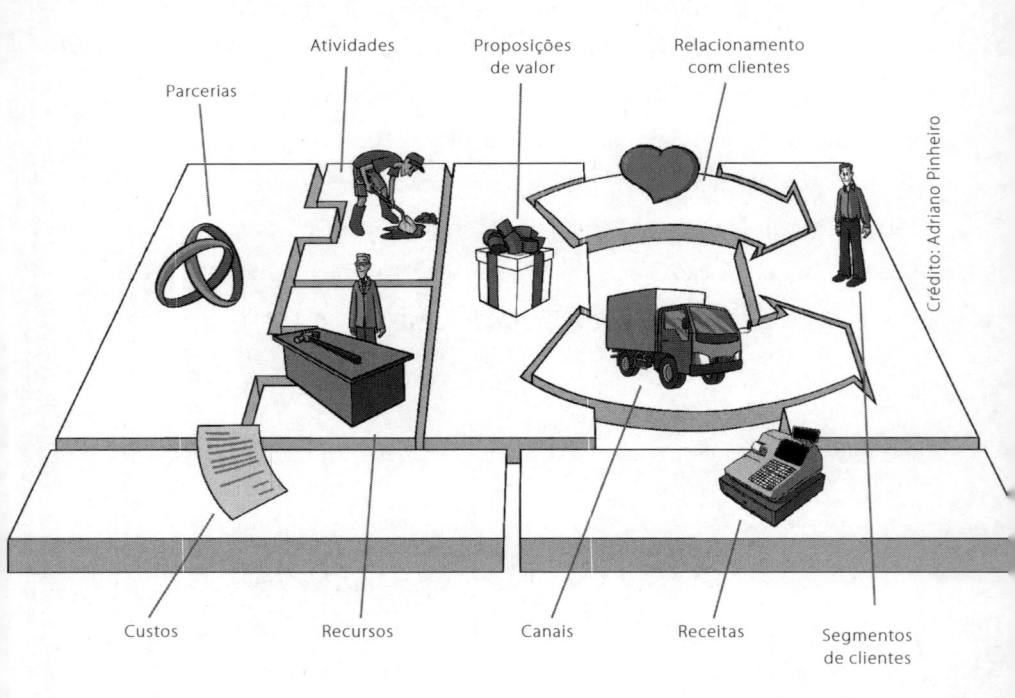

Fonte: Osterwalder; Pigneur, 2010, p. 28.

A ideia é pensar novas ofertas ou melhorias olhando para os nove quadrantes, detalhados na sequência.

1. Segmento de clientes

O processo de pensar em novas ofertas inicia-se com a resposta à pergunta: "Quem são nossos clientes?". Em outras palavras, **não é possível pensar em um novo produto ou serviço sem conhecer o perfil de seus clientes.** É preciso saber para quem se pretende criar valor.

A segmentação pode se dar de várias maneiras (Paixão, 2011):

> » **Demográfica**: Sexo, idade, renda, ocupação, nível de escolaridade.
> » **Geográfica**: Localização geográfica (bairros, regiões), variações climáticas, entre outros.
> » **Psicográfica**: Estilo de vida, grupos de participação como clubes, igrejas, tribos.

2. Proposta de valor

Esse quadrante ajuda a identificar os benefícios que os atuais produtos oferecidos trazem e quais problemas ajudam a resolver. Por exemplo: uma loja de sapatos de luxo não vende sapatos, vende um estilo de vida. Assim, **a proposta de valor é o conjunto de diferenças significativas que vão distinguir a oferta da empresa da oferta da concorrência.**

3. Canais

A nova oferta deve ser conhecida e chegar até o cliente, estar no lugar certo e na hora certa. Assim, **é preciso pensar em canais de comunicação que informem sobre o produto ou** serviço e canais de distribuição e venda que permitam a entrega ao cliente. Os canais de distribuição ou pontos de venda tratam da disponibilidade de estoque, da armazenagem, da logística interna necessária, da escolha dos melhores pontos de venda e dos canais de distribuição e transporte, bem como do relacionamento com esses canais.

Na indústria, o **ponto de venda** trata da logística de distribuição, da armazenagem dos produtos e dos cuidados para que eles não faltem nas prateleiras das lojas, além do tempo de entrega ou *lead-time* para os pontos de venda. No varejo, o ponto de venda trata do ambiente físico, dos equipamentos utilizados, da tecnologia envolvida e da adequação desses elementos às necessidades dos clientes.

Já os **canais de comunicação** estão relacionados à escolha das melhores ferramentas a serem utilizadas, entre propaganda, relações públicas e publicidade, promoção de vendas, *merchandising*, marketing direto, força de vendas, mídias alternativas e internet.

4. Relacionamento com clientes

A visão de relacionamento está baseada na existência de uma relação entre o consumidor e a empresa, criando valor adicional para ambos (Paixão, 2011). Com os níveis de concorrência enfrentados pelas empresas neste século, não existe mais a possibilidade de não se pensar em tipos de relacionamento a serem estabelecidos com os clientes, que vão desde um simples banco de dados até a implantação de um *Customer Relationship*

Management (CRM) – ou seja, uma gerência dos relacionamentos. Aqui as empresas lançam mão de Serviços de Atendimento ao Consumidor (SAC), Fale Conosco (internet), pesquisas de satisfação, programas de fidelidade, entre outros.

Com o avanço da tecnologia, a globalização e o grande aumento de empresas concorrentes, o consumidor assistiu ao surgimento de um número de opções sem igual, o que lhe deu o poder de escolha. **Assim, as empresas reconheceram a urgência em tornar seu relacionamento com os clientes um fator primordial**, buscando se estruturar por meio de ferramentas que estimulem o interesse e a conquista desses clientes.

5. Fontes de receita

Importante também é pensar a estratégia de preço da nova oferta. É necessário responder à pergunta: "Quanto e como o cliente quer pagar?". São necessárias políticas de preço baseadas no estudo de mercado, nos tipos de financiamento que deverão ser oferecidos, nas margens previstas de contribuição e de retorno sobre o investimento, nos descontos e prazos oferecidos. O marketing, por meio do plano, deverá comparar os preços praticados com os da concorrência e estabelecer a estratégia que possibilitará à empresa competir.

6. Recursos-chave

Nenhuma nova oferta será bem-sucedida se não houver planejamento dos recursos necessários para sua entrega. Esses recursos são humanos, financeiros, tecnológicos e devem ser cuidadosamente pensados, sob a pena de prejudicar todo o processo de desenvolvimento do novo produto até a sua entrega ao mercado.

7. Atividades-chave

É importante destacar quais são as atividades-chave que merecem atenção no processo. Para essas atividades, é dirigida atenção especial.

8. Parcerias

Para a criação e a entrega da nova oferta, o estabelecimento de parcerias pode ajudar a empresa a viabilizar a ideia. Podem ser pensadas parcerias logísticas, de comunicação, de tecnologia, de aquisição de matéria-prima, entre outras.

9. Custos

Aqui é proposta a identificação dos custos mais importantes para a viabilização da ideia: os recursos e atividades-chave mais caros.

Assim, munidos de papéis coloridos, a equipe se põe a pensar o modelo de Osterwalder, conforme ilustrado a seguir.

Figura 3.7 – Visão geral do modelo de negócio

Parceiros Chave	Atividades Chave	Proposições de Valor	Relacionamento com Cliente	Segmentos Cliente
Quem são nossos Parceiros Chave? Quem são nossos Fornecedores Chave? Quais Recursos Chave nós estamos adquirindo de nossos parceiros? Quais Atividades Chaves nossos Parceiros desenvolvem?	Quais Atividades Chave nossas Proposições de valor requerem? Nossos canais de distribuição? Relacionamentos com clientes? Fluxo de Parcerias?	Qual valo nós oferecemos aos nossos clientes? Qual dos problemas de nossos clientes não estamos ajudando a resolver? Quais pacotes de produtos e serviços não estamos oferecendo para cada Segmento Cliente? Quais necessidades de nossos clientes estamos resolvendo?	Qual tipo de relacionamento cada um de nossos Segmentos Clientes espera que nós estabeleçamos e mantenhamos com elas? Quais nós temos estabelecido? Como elas estão integradas com o resto do nosso modelo de negócio? Quanto eles curtem?	Para quem nós estamos criando valor? Quem são nossos mais importantes clientes?
	Recursos Chave Quais Recursos Chaves nossas Proposições de Valor necessitam? Nossos Canais de Distribuição? Relacionamento com Cliente? Fluxo de Receitas?		**Canais** Através de quais canais nossos Segmentos Clientes querem ser atendidos? Como nós estamos atendendo-os atualmente? Como nossos Canais são integrados? Quais funcionariam melhor? Quais são mais rentáveis? Como nós integramos estes canais com as rotinas dos clientes?	

Estrutura de Custos	Fluxo de Receita
Quais são os custos mais importantes inerentes ao nosso modelo de negócio? Quais Recursos Chaves são mais caros? Quais Atividades Chaves são mais caras?	Por qual valor nossos clientes estão realmente dispostos a pagar? Por qual eles pagam atualmente? Como eles pagam atualmente? Quanto cada Fluxo de Receitas contribui para as receitas globais?

Fonte: Osterwalder; Pigneur, 2010, p. 32.

Já o *Design Thinking*, de acordo com Vianna et al. (2012), é uma metodologia que busca identificar problemas e soluções efetivas, olhando para o problema sob diversas perspectivas.

> Com trabalho colaborativo de equipes de várias áreas, o grupo formado oferece possibilidade de vários pontos de vista, visando à introdução de novos significados aos produtos e serviços e, consequentemente, inovando. Essa metodologia é dividida em três etapas: imersão, ideação e prototipação.

1. Imersão

A equipe formada toma conhecimento do contexto olhando tanto para a empresa quanto para o cliente. São coletadas informações de mercado, perfil de consumidor, concorrência, entre outras. As informações provêm de pesquisas exploratórias e de campo com o objetivo de entender as tendências de mercado e identificar oportunidades.

Assim como o Canvas, o *Design Thinking* também adota o método visual. Os vários temas que emergem das pesquisas são colocados em um quadro por meio de cartões, de onde são extraídos e resumidos os principais, que podem ser transformados em mapas conceituais, *personas* etc.

2. Ideação

Nesta fase, de posse dos mapas ou outros recursos gerados na fase anterior, a empresa realiza um ou mais *brainstormings* sobre o problema e constrói aquilo que a metodologia chama de *cardápio de ideias*.

3. Prototipação

Para validar uma ideia, a fase de prototipação é a tangibilização da solução, buscando torná-la física. Um protótipo auxilia a equipe a visualizar melhor a ideia, inclusive seus detalhes, e ainda possibilita ao cliente interagir com a nova oferta, podendo avaliá-la, como um pré-teste.

> **Para saber mais**
> Para saber mais sobre essa metodologia, acesse:
> VIANNA, M. et al. **Design thinking**: inovação em negócios. Rio de Janeiro: MJV Press, 2012.

Para ajudar com o problema da criatividade para a geração de novas ideias, muitos gestores lançam mão da técnica chamada *Scamcea* (Wechsler, 1993): *substituir, combinar, adaptar, modificar, colocar outros usos, eliminar* e *arranjar*. O que significa isso? Significa olhar para o produto ou serviço promovendo possíveis mudanças em sete áreas:

1. Substituir – material, ingredientes, nome, processo.
2. Combinar – materiais, interesses, conceitos.
3. Adaptar/Aumentar/Arrumar – tamanho, ajuste, qualidade.
4. Modificar – cor, sabor, cheiro, forma, textura.
5. Colocar outros usos – nova situação, novos tipos de clientes, novos mercados, novos benefícios.
6. Eliminar – características, tamanho, peso.
7. Arranjar – reorganização, disposição física, número de itens.

Criatividade

Muitas são as técnicas para a promoção da criatividade. O grande problema enfrentado, na verdade, está nas barreiras que as próprias organizações impõem a essa característica. Bruno-Faria e Alencar (1996) classificam essas barreiras em cinco:

1. **Estruturais**, quando a organização opera com excesso de burocratização e possui um modelo de gestão centralizadora.
2. **Sociais e políticas**, quando há excesso de normas relativas a poder dentro da organização.
3. **Processuais**, quando o excesso de regras impede a realização das tarefas de forma diferente.
4. **De recursos**, quando a organização não oferece as ferramentas necessárias para a realização das atividades.
5. **Individuais**, quando dizem respeito às características individuais de funcionários e gestores – relações interpessoais.

> Dessa forma, para que a organização esteja sempre pronta para repensar seu portfólio, é necessário que alguns aspectos sejam desenvolvidos, a fim de promover a inovação e despertar características individuais, como a curiosidade. É preciso que as relações interpessoais sejam positivas, a fim de criar um ambiente saudável. As pessoas devem ter liberdade para a criação e ser estimuladas por meio de desafios contínuos. Nesse sentido, a autonomia é uma das maneiras de motivar pessoas e equipes.

Os **sistemas de prêmios e recompensas** são ótimos estímulos ao desempenho criativo e, além do pessoal técnico, também podem ser estendidos às outras pessoas que se relacionam de alguma forma com o processo. Enfim, é preciso pensar em estratégias que auxiliem na manutenção da motivação pela busca da inovação contínua.

Síntese

Neste capítulo, vimos que para o desenvolvimento de um novo produto ou melhoria de um já existente é necessário seguir algumas etapas que auxiliam o gestor a não apenas identificar oportunidades existentes, mas também a ser efetivo no lançamento e na comercialização da nova oferta. O processo de Desenvolvimento de Novos Produtos (DNP) não pode acontecer de forma isolada, uma vez que, como processo, ele engloba uma série de competências articuladas que capacitam a empresa a gerar inovações.

Questões para revisão

1. (Eletrobrás, 2007) A alternativa que **não** corresponde à segmentação psicográfica é:
   a. personalidade e crenças pessoais.
   b. atitudes e opiniões.
   c. valores e estilo de vida.
   d. benefícios e *status* do usuário.
   e. estilo de vida e personalidade.

2. (Sesc, 2010) O vinho brasileiro, apesar de sua crescente qualidade, ainda enfrenta dificuldades em seu mercado doméstico. Isso ocorre devido a dois fatores principais. Em primeiro lugar, os brasileiros ainda não desenvolveram o hábito de

beber vinho rotineiramente, o que faz com que o país tenha um dos menores consumos *per capita* do mundo. Como se não bastasse, acordos realizados entre os países do Mercosul fazem com que a tributação brasileira sobre vinhos produzidos na Argentina e no Chile seja menor que a do próprio vinho brasileiro, o que pressiona o preço do produto nacional, deixando-o menos competitivo. Que ambientes de marketing caracterizam essa situação?

a. Demográfico e econômico.
b. Sociocultural e político-legal.
c. Econômico e sociocultural.
d. Sociocultural e demográfico.
e. Econômico e político-legal.

3. (Sesc, 2010) A Sober, empresa presente em vários ramos de negócios, está lançando a Timely, uma marca especializada em relógios elegantes e de *designers* arrojados, com alta qualidade. Por ocasião de seu lançamento, está praticando preços promocionais. Todavia, os descontos são momentâneos e não devem iludir os consumidores, pois os preços normais da marca serão compatíveis com seus produtos. Com isso em vista, como pode ser definida a estratégia de preço-qualidade da Timely?

a. *Premium*.
b. De valor supremo.
c. De alto valor.
d. De preço alto.
e. De falsa economia.

4. (CESGRANRIO, 2011 – Transpetro) Uma montadora optou por adotar uma estratégia de liderança de custo ao concentrar a produção de um novo modelo de automóvel em apenas uma fábrica por continente. Dessa forma, maior quantidade de unidades seria produzida no Brasil para distribuição nas Américas do Sul e do Norte. Segundo as estratégias genéricas de Porter, que nome damos à essa estratégia?

5. (FCC, 2013 – Sergipe Gás S.A.) Ao assumir a gestão de marketing de uma organização, Paulo, um profissional de marketing, observou que as estratégias eram idênticas para todos os clientes e consumidores. "Isso está errado", disse ele em reunião com a alta direção. "Nem todos os compradores possuem as mesmas necessidades e respondem de modo semelhante às ações de marketing. Precisamos estudá-los melhor e dividir o mercado em grupos distintos para avaliar quais merecem maior atenção e quais estratégias são mais adequadas para cada um deles". Para justificar as recomendações, de qual conceito do planejamento em marketing Paulo se utilizou?

capítulo 4
outros aspectos dos produtos

Conteúdos do capítulo

» Formas de internacionalização de produtos.
» O fator socioambiental como fonte de inovação.

Neste capítulo, discorreremos sobre alguns ambientes mais específicos dos produtos. Sob o foco do marketing, analisaremos os produtos globais e os socioambientais. Os produtos globais são aqueles que auxiliam as empresas a acessar novos mercados, alcançando ganhos em competitividade. Diante das crescentes mudanças da dinâmica do comércio internacional, muitas empresas vêm buscando a internacionalização como estratégia de crescimento. Já os produtos socioambientais são aqueles que demonstram a responsabilidade que a empresa possui com relação à sociedade e ao meio ambiente, buscando a garantia de uma imagem positiva ante o consumidor e os seus *stakeholders*.

Perguntas e respostas

O que são *stakeholders*?

São todos os interessados na sobrevivência da empresa: funcionários, sócios, fornecedores, governo etc.

Produtos para mercados internacionais

A busca por novos mercados é uma alternativa para o crescimento das empresas que têm procurado na internacionalização uma participação mais ativa em mercados externos, aumentando sua base de consumidores. Como formas de entrada, as organizações vêm investindo em licenciamento, *joint ventures*, franquias ou investimentos diretos no exterior (Keegan, 2005). Dentre os principais motivos estão os pedidos inesperados do exterior, a capacidade ociosa da área de produção, um mercado interno saturado ou muito competitivo, a existência de um produto exclusivo, entre outros (Rocha, 1987). No entanto, entre os principais obstáculos, de acordo com Dias (2002), estão o **entendimento de como ocorrem os negócios em outros países, bem como o conhecimento e a seleção de mercados.**

> Assim, a entrada em mercados internacionais exige um profundo conhecimento dos fundamentos do marketing internacional, que são os mesmos do local ou do nacional, diferenciando-se pelas estratégias. Para Kotler (2001), a empresa deve avaliar a atratividade de mercado, as vantagens competitivas que possui em relação aos concorrentes e os riscos de entrada. Outros fatores, como custos de produto e de adaptação, barreiras, características populacionais e geográficas, preços a serem praticados e costumes da região, são mais alguns entre os muitos que devem ser cuidadosamente estudados.

Quando uma empresa decide que está na hora de entrar no mercado internacional, ela deve optar por uma entre as estratégias de produtos que seguem explicitadas (Keegan, 1995):

» **Extensão direta:** Por essa estratégia, lança-se um produto para o mercado externo sem mudanças nos atributos atuais. Não envolve custos com pesquisa e desenvolvimento nem com produção ou alterações na comunicação. Entretanto, é preciso certificar-se de que os consumidores do país escolhido podem adotar o produto.

» **Adaptação do produto:** Essa estratégia altera o produto de acordo com as preferências da localidade. Temos como exemplificação desse processo o desenvolvimento de uma versão regional ou de uma nova embalagem.

» **Invenção do produto:** É a estratégia de criação de um novo produto. Efetiva-se por meio da invenção para trás (relançamento de antigas formas de produto adaptadas às necessidades do país estrangeiro) e da invenção para frente (criação de um novo produto para atender a uma necessidade específica de outro país).

> Assim, temos empresas que podem optar pela padronização do produto, identificando grupos de consumidores com necessidades similares em diversos países, atendendo a todos e de forma homogênea. Temos ainda aquelas que não possuem uma capacidade de produção em larga escala, podendo, então, desenvolver um produto totalmente novo para atender a um mercado específico. Para isso, deverão identificar segmentos com necessidades específicas, o que pode exigir ainda a adaptação do produto (Kotabe; Helsen, 2000).

O desenvolvimento de novos produtos deve levar em consideração os aspectos culturais, legais e ergonométricos, além das características físicas. Por exemplo: na América do Norte, as mulheres possuem quadris estreitos, ao contrário das latinas; as mãos dos japoneses são menores que as dos brasileiros; na Costa Rica, não se permite que a composição de doces contenha açúcar que não seja oriundo da cana-de-açúcar.

De acordo com o Instituto Nacional de Metrologia, Qualidade e Tecnologia – Inmetro (2014), são muitas as implicações no comércio internacional. Quando um produto não cumpre todas as especificações técnicas exigidas, sua venda não será permitida; já terminologias, embalagem, símbolos, conteúdo, etiquetagem são questões que devem ser pesquisadas antes de se decidir pela exportação (Inmetro, 2014).

> Todos os países exigem que os produtos importados estejam de acordo com especificações técnicas por eles determinadas – exigências que podem acabar se tornando barreiras. A Europa, por exemplo, não aceita alguns tipos de corantes nos têxteis importados. Por essa razão, é muito importante a pesquisa anterior ao desenvolvimento de produtos para o comércio internacional.

O Banco do Brasil (BB, 2014) sugere que a empresa que queira entrar em mercados internacionais analise alguns aspectos do novo mercado, como:

- » tendências internacionais;
- » localização de fornecedores de matérias-primas e componentes;
- » tecnologia de produção;
- » normas de embalagem;
- » especificações técnicas;
- » ciclo de vida do produto;
- » dados geográficos, econômicos, sociais e políticos;
- » aspectos culturais;
- » produtos mais comercializados;
- » sistema de distribuição;
- » legislação de importação;
- » concorrência local;
- » estrutura de custos operacionais;
- » níveis de preços praticados;
- » entidades reguladoras de comércio exterior;
- » meios de comunicação;
- » paridade cambial;
- » leis de proteção.

Perguntas e respostas

O que é *estrutura de custos operacionais*?
Refere-se ao dinheiro que uma empresa desembolsa para o desenvolvimento das suas atividades.

No que se refere à franquia, à *joint venture* e à estratégia de investimento direto, verifique como alguns autores as classificam na sequência.

A franquia é uma forma de licenciamento em que uma empresa (franqueadora) cede, por meio de um contrato, sua marca, logo, métodos de operação, propaganda, produtos e outros elementos dos seus negócios em troca de uma remuneração e do compromisso da empresa franqueada manter seus padrões de qualidade. (Ferrel et al., 2000, p. 158).

A joint venture é o envolvimento da empresa, de forma parcial, com uma empresa localizada no mercado-alvo, dividindo-se as obrigações entre as partes. Geralmente, a firma estrangeira fornece a tecnologia de fabricação, assim como supervisão técnica, e a firma local os meios materiais para execução da produção e colocação do produto no mercado. (Carnier, 1996, p. 111)

Na estratégia de investimento direto a empresa investe diretamente em instalações de fábricas pela aquisição de alguma existente no país de interesse. O investimento direto possibilita para a empresa um maior controle sobre as suas atividades fora de seu ambiente local, mas esta estratégia de entrar no mercado internacional é a menos popular, devido aos altos custos de comprar ou construir novas instalações. (Nickels; Wood, 1999, p. 72)

Ciclo de vida de um produto internacional

Para entrar em mercados internacionais, a instituição precisa estruturar seus negócios em relação ao ciclo de vida do produto. Kotler (2001) apresenta quatro estágios desse processo:

1. **Sua força exportadora:** Uma inovação é lançada em seu mercado local e obtém sucesso devido à infraestrutura e o mercado desenvolvidos. A partir daí, inicia-se o processo de exportação.

2. **Início da produção estrangeira:** À medida que os fabricantes estrangeiros se tornam familiarizados com o produto, alguns deles começam a produzi-lo para o seu mercado, sob licença ou *joint venture*, ou simplesmente o copiam. O governo local tende a beneficiar suas empresas colocando barreiras, como o aumento de tarifas.

3. **A produção estrangeira torna-se competitiva nos mercados de exportação:** Os fabricantes estrangeiros ganham experiência em produção e, com custos menores, também iniciam a exportação do produto para outros países, tornando-se concorrentes.

4. **Início da concorrência da importação:** O volume crescente dos fabricantes estrangeiros e os custos mais baixos os levam a exportar o produto para o seu país, provocando assim uma concorrência direta.

> A concorrência obriga à inovação e ao monitoramento permanente.

É preciso, então, que as empresas reavaliem o desempenho do produto ofertado, os padrões de qualidade e as tecnologias adotadas. A concorrência obriga à inovação e ao monitoramento permanente. Produtos novos ou *commodities*, bens industriais ou de consumo – todos exigirão um grau de diferenciação mínimo para obterem sucesso no mercado externo.

Produtos socioambientais

A responsabilidade social vem se tornando um diferencial competitivo e, com isso, muitas empresas se veem obrigadas a investir nas suas relações com todos os seus públicos. Clientes, parceiros, fornecedores, funcionários e comunidade na qual a empresa se insere começam a cobrar ações mais responsáveis em relação ao meio ambiente, à qualidade de vida dos funcionários e à inclusão social.

> O Brasil já possui um número significativo de empresas que implantaram o processo de responsabilidade social. Os ganhos de imagem para a empresa melhoram as condições de competição no mercado. Respeito aos direitos humanos, valorização dos empregados, ética e transparência nos negócios, repúdio ao trabalho infantil, cuidados com o desperdício de insumos e parcerias entre fornecedores e clientes são algumas ações apontadas pela responsabilidade social. O Instituto Ethos de Responsabilidade Social – organização não governamental (ONG) de orientação às empresas para incorporação desses conceitos – também oferece às pequenas e às médias empresas todos os passos para a implantação da Responsabilidade Social Empresarial (RSE).

No processo de desenvolvimento de produtos, a instituição deve considerar esses aspectos e até fazer deles seu diferencial. O objetivo não é somente satisfazer as necessidades dos consumidores, mas também proporcionar, de forma sustentável, seu bem-estar e o da sociedade.

Por imposição do mercado ou por consciência, as empresas vêm percebendo que um número crescente, mas ainda pequeno, de consumidores passou a buscar no produto indicadores de preocupação socioambiental, tanto por parte da organização que o produz quanto da que o comercializa.

Um novo produto pode se diferenciar da concorrência da seguinte maneira:

» não utilizar produtos poluentes em sua composição;
» apoiar projetos sociais e ambientais;
» apresentar uma embalagem reciclável, retornável ou biodegradável;
» não afetar a camada de ozônio;
» adotar processos produtivos que não agridam o meio ambiente;
» formar parcerias com entidades filantrópicas;
» desenvolver ações de voluntariado;
» fornecer instruções corretas de uso do produto;
» assegurar que o produto não é prejudicial à saúde do consumidor.

Como os consumidores estão constantemente sendo chamados a participar das mudanças socioambientais necessárias à melhoria do ambiente mundial – passando a se posicionar ante os valores como novos hábitos de consumo –, empresas que saem na frente e adicionam a seus produtos características como as vistas anteriormente acabam por criar, no consumidor e em seu grupo social, uma imagem de responsabilidade e preocupação com o desenvolvimento sustentável.

Quanto à sustentabilidade em relação ao *mix* de marketing da empresa, vejamos no quadro a seguir quais as possíveis inovações.

Quadro 4.1 – Formas de inovação

Atributo	Potenciais alterações
Oferta	Reduzir a utilização de combustíveis fósseis
	Reduzir o volume de materiais utilizados
	Reduzir a utilização de materiais não renováveis
	Facilitar a reutilização e a reciclagem
	Considerar se um produto é necessário ou se o benefício pode ser atingido por meio de um serviço
	Substituir os materiais que trazem risco ao ambiente e às pessoas
	Produtos que atendam à base da pirâmide – consumidores de menor nível social e poder de consumo
Embalagem	Reduzir o tamanho das embalagens
	Permitir utilização de refil
	Reduzir o resíduo de embalagem
	Utilizar materiais de mais rápida degradação
Qualidade	Estender a vida do produto
	Planejar para o máximo de reparo
	Planejar modularmente o produto para permitir melhorias (*upgrades*) sem a necessidade de troca de versão
Design	Utilização de *designs* energeticamente eficientes (biomimética)
	Design planejado para o ciclo de vida
Variedade	Variedade que considera a mínima complexidade/o mínimo estoque
Marca	Aumento da transparência nas relações com os consumidores
	Compromisso com a entrega das promessas de marca
Tamanhos	Diminuir espaços vazios
	Reduzir a utilização de matéria prima
	Concentração dos produtos diluídos em água (dada a escassez em algumas partes do planeta)

(continua)

(Quadro 4.1 – conclusão)

Atributo	Potenciais alterações
Serviços	Aumento do componente intangível nas ofertas (mais serviços)
	Condições favoráveis de trabalho dos colaboradores na empresa
Garantias/ Devoluções	Aumentar a estrutura para reparos e *upgrades*
	Aumentar os prazos de garantia quando apropriado

Fonte: Adaptado de Sabino, 2011.

Dessa forma, podemos observar que uma organização inovadora e sustentável "não é a que introduz novidades de qualquer tipo, mas novidades que atendam as múltiplas dimensões da sustentabilidade em bases sistemáticas e colham resultados positivos para ela, para a sociedade e o meio ambiente" (Barbieri; Simantob, 2007, p. 105). Em outras palavras, é a empresa economicamente viável, socialmente justa e ambientalmente correta. Podemos explicar essas dimensões observando os impactos que as inovações podem proporcionar:

» **Dimensão social**: Impactos sociais que a inovação possa trazer, como desemprego.

» **Dimensão ambiental**: Impactos ambientais que a inovação possa provocar, como emissão de poluentes.

» **Dimensão econômica**: Eficiência econômica. É interessante à sociedade que a empresa se perpetue, gerando empregos, impostos e desenvolvimento local.

Para Tachizawa (2002), **a sustentabilidade pode ampliar a competitividade das empresas**, destacando-as no mercado diante daqueles consumidores que preferem produtos de empresas que possuem uma política de gestão sustentável. Além disso, as mudanças legais que vêm exigindo das empresas maior compromisso com essas novas demandas também pode ampliar essa competitividade. Para Donaire (1999), esse maior compromisso representa oportunidades de comercialização de produtos e serviços adequados ao comportamento de um novo consumidor.

Síntese

Neste capítulo, você pôde entender a importância de conhecer aspectos globais para internacionalizar os negócios, bem como as oportunidades para que a empresa possa apostar em produtos sustentáveis.

Questões para revisão

1. (Enade, 2000) Você é administrador de uma pequena empresa que visa competir no mercado global. Para se expandir no mercado internacional, um administrador qualificado opta:

    a. pelo licenciamento, que minimiza a perda de controle sobre a tecnologia, sem que precise arcar com os custos e riscos de abertura de um mercado estrangeiro.

    b. pela exportação, que lhe permite fugir de barreiras tarifárias, gerando economias de escala e evitando custos de fabricação em outros países.

    c. por uma franquia, porque, além de oferecer as vantagens do licenciamento, permite fugir de barreiras tarifárias, diminuindo também o risco de perda de controle sobre a qualidade.

d. por uma *joint venture* com uma empresa do país, porque se beneficiaria com o conhecimento local de seu parceiro e dos custos e riscos compartilhados.

e. por uma subsidiária própria, porque mantém o controle sobre a tecnologia e as operações com baixo custo e baixo risco.

2. (Vunesp, 2011 – SAP-Sp)

> Pesquisa mostra que 73% dos brasileiros pagariam mais por produtos sustentáveis. O índice está abaixo do verificado em 16 grandes cidades da America Latina, onde, na média, 76% dos consumidores estariam dispostos a pagar mais por um produto desse tipo.
>
> Fonte: Adaptado de Mendonça, 2010.

Entende-se por *produtos sustentáveis* aqueles que:

a. não utilizam materiais reciclados e de baixa qualidade.
b. procuram respeitar a preservação ambiental em sua produção.
c. indicam sua nacionalidade, fórmula e composição.
d. não se preocupam com a moda ou com modismos consumistas.
e. priorizam matérias-primas oriundas de países alinhados ao Brasil.

Leia o texto a seguir, retirado do *site* da empresa Ypê, e responda às questões 3, 4 e 5.

Produtos e embalagens amigos da natureza

Ao optar por nossos produtos, você também assina um compromisso com a preservação ambiental. Ao lavar a louça, roupa ou o quintal com nossos produtos, todo o resíduo é eliminado no sistema de esgoto e conduzido aos rios e lagos sem causar impacto ambiental. Isso acontece porque, passado um período, os resíduos são degradados, ou seja, decompostos por microorganismos que existem na água.

Outras iniciativas que podemos ressaltar são:

» Novas embalagens dos lava-louças Ypê, que sofreram redução do consumo de matéria-prima no frasco. Agora os frascos são mais anatômicos e sustentáveis;
» Os lava-roupas em pó Ypê *Premium* são livres de fosfato e as suas embalagens possuem certificação FSC (Forest Stewardship Council). Os lava-roupas em pó Tixan Ypê tem significativa redução de fosfato na formulação e embalagens também certificadas;
» Os amaciantes concentrados Ypê apresentam redução de 80% no consumo de água durante o processo de fabricação;
» Rótulos dos amaciantes e multiusos com processo IML (*in mould labelling*), por meio do qual rótulo e frasco são produzidos a partir de polietileno e prensados, sem colagem. No momento da reciclagem, o frasco pode ser moído por inteiro, sem ser necessária a separação dos materiais.

Fonte: Ypê, 2014.

3. Em seu *mix* de marketing, ao pensar em sustentabilidade, quais as inovações na oferta apresentadas pela empresa em sua linha de detergentes?

4. Vemos com esse caso como a sustentabilidade vem ganhando espaço nas estratégias de inovação das empresas ao que se convencionou chamar *marketing verde*. Efetue uma pesquisa e descreva o conceito desse marketing.

5. (FCC, 2013 – Sergipe Gás S.A.) A ideia de sustentabilidade vem ganhando espaço em nossos dias em todos os setores da vida. No espaço organizacional, fala-se de um "novo paradigma para as empresas", que leve em conta as preocupações ambientais. Certamente, a área do marketing está sendo afetada por essa nova visão de mundo. Apresenta um efeito da noção de sustentabilidade sobre o marketing:

   a. o abandono do chamado *marketing verde*.
   b. o estudo e a criação de embalagens não recicláveis.
   c. o deslocamento do foco da promoção do consumo para a promoção do consumo responsável.
   d. a obsolescência planejada dos produtos.
   e. o desenvolvimento de produtos ambientalmente menos seguros.

capítulo 5
plano de marketing para novos produtos

Conteúdos do capítulo

» Plano de marketing.
» Recursos e esforços para aproveitar as oportunidades de mercado.

O produto está pronto. E agora? **O planejamento de marketing é o próximo passo a ser dado antes de lançá-lo no mercado.** Podemos dizer que algumas etapas já foram contempladas: um diagnóstico foi realizado e uma oportunidade foi detectada – da qual surgiu um novo produto ou serviço. Vejamos a seguir os próximos passos.

Análise da situação de marketing da empresa

É realizado um mapeamento da situação da empresa em relação às atuais estratégias de marketing. Pontos fortes e fracos, ameaças e oportunidades (*strengths, weaknesses, opportunities, threats – Swot*) são levantados e serão contemplados no plano.

Objetivos

É preciso, agora, estabelecer os objetivos, os quais definem as metas e os alvos específicos a serem alcançados. É também por meio dos objetivos que se faz a avaliação do desempenho da

empresa, bem como neles se amparam as políticas empresariais.
Eles devem ser quantitativos e qualitativos.

Exemplos de objetivo quantitativo:

» Conquista de 2% de determinado mercado de Curitiba.
» Venda de 30.000 unidades/mês ao final de 12 meses.

Exemplos de objetivo qualitativo:

» Propiciar atendimento personalizado a todos os clientes.
» Ser uma das marcas mais lembradas em seu mercado de atuação.

Agora, é hora de desenvolver as estratégias do mix mercadológico, que serão definidas com a finalidade de atingir os objetivos de mercado. As estratégias de marketing se tornam planos de ação – planos táticos que devem ser o mais detalhados possível.

Perguntas e respostas

O que é *atendimento personalizado*?
É o atendimento feito com base nas necessidades individuais dos clientes.

Público-alvo

O produto desenvolvido possui um público a ser atingido, um determinado segmento, o qual é chamado de *mercado-alvo* ou *target*. Dependendo dos objetivos da empresa, ela poderá atender a vários segmentos: o importante é que essa definição esteja bem clara.

A segmentação pode ser mensurada com base em alguns segmentos, tais como o demográfico, o geográfico e o psicográfico, já vistos anteriormente.

Diferenciação e posicionamento

O posicionamento é baseado no diferencial oferecido pelo novo produto ou serviço ao mercado, isto é, **são as diferenças significativas que vão distinguir a oferta de uma empresa da oferta da concorrência**.

O produto/serviço desenvolvido deve ser percebido pelo público-alvo como um pacote de valores com os quais ele se identifica e pelos quais anseia. Para Kotler (2001, p. 267), "posicionamento não é o que você faz para um produto. Posicionamento é o que você faz na mente do comprador potencial".

Produto ou serviço

No produto ou serviço desenvolvido, todas as estratégias devem ser descritas: características, benefícios oferecidos, marca e *slogan*, qualidade, garantias, *design*, rótulo, embalagem, conteúdo, formas de uso/cuidados, linha de produtos, serviços oferecidos, atendimento e demais especificidades que garantam a satisfação do público-alvo da empresa.

Preço

As políticas de preço devem estar baseadas no estudo de mercado. **O plano deve comparar os preços praticados com os** da concorrência e estabelecer a estratégia que possibilitará à empresa competir.

O preço em mercadologia não está baseado apenas em custos mais *markup* (percentuais de vendas), mas sim em estratégia. A prática está diretamente relacionada ao público que se deseja atingir e ao posicionamento adotado.

Por meio da determinação de preços, Kotler (2001) afirma que uma empresa pode perseguir qualquer um dos cinco principais objetivos:

1. **Sobrevivência**: É um objetivo de curto prazo. Para continuar no mercado, a instituição tem de aprender a agregar valor a longo prazo.
2. **Maximização do lucro atual**: Estimativa da demanda e dos custos ligados a preços alternativos. Trata-se da escolha do preço que maximizará o lucro. A empresa pode sacrificar o desempenho a longo prazo.
3. **Maximização da participação de mercado**: Um maior volume de vendas leva a custos unitários menores e a maiores lucros a longo prazo.
4. *Skimming* **máximo**: Preços altos para extrair o máximo da camada mais alta antes de baixar os preços para atender aos demais níveis.
5. **Liderança na qualidade do produto**: Ênfase na qualidade superior dos produtos e fixação de preços altos.

Porém, **antes que os objetivos sejam estabelecidos, é preciso que os custos sejam determinados**, pois são eles que estabelecem o mínimo que a empresa deve cobrar por seu produto, cobrindo todos os gastos de produção, venda e distribuição. São compostos de duas formas:

1. **Custos fixos ou indiretos**: Aqueles que não variam em função da produção ou da receita de vendas (aluguel, energia, juros, folha de pagamento etc.).
2. **Custos variáveis**: Aqueles que oscilam em função do nível de produção (matéria-prima, embalagem, ferramentas de desgaste etc.).

Determinados os custos do produto, vejamos os métodos que, segundo Kotler (2001), a empresa pode adotar para a determinação de preços.

Preço de markup

O método mais comum de determinação de preço é **adicionar markups-padrão ao custo do produto (porcentagem sobre o custo)**. Quando incidem sobre o custo, são geralmente maiores em itens sazonais (para cobrir o risco de não venderem) e não levam em consideração a demanda atual, o valor percebido e a concorrência.

Preço de retorno-alvo

É a determinação do preço que renderia a taxa-alvo de ROI (*Return on Investment*, ou tempo em meses do retorno do valor investido). Esse retorno será efetivo após atingir certo volume de unidades vendidas. Assim, podemos determinar um gráfico de receita *versus* unidades vendidas, no qual o cruzamento da reta de receita total com a reta de custo total determina o "volume do ponto de equilíbrio" do produto.

Preço de valor percebido

São utilizadas as percepções de valor dos clientes como base para a determinação de preço. Outros componentes do *mix* de marketing são usados para aumentar o valor percebido pelo cliente (como propaganda e força de vendas). A chave para essa definição é **representar com precisão a percepção do mercado relativa ao valor da oferta**. Para isso, são necessárias pesquisas com consumidores.

Preço de valor

Refere-se ao preço relativamente baixo para uma oferta de alta qualidade (alto valor para os consumidores). É a prática de "preços baixos todos os dias" (*Everyday Low Pricing* – EDLP), na qual não há descontos temporários.

Preço de mercado

É a prática de manutenção de um preço orientado, em grande parte, pelos preços dos concorrentes (característica dos setores que vendem *commodities*).

Preço psicológico

Muitos consumidores utilizam o preço como indicador de qualidade. É especialmente eficaz com produtos que apelam para a vaidade das pessoas. Exemplos: perfumes, carros de luxo etc.

Preço de licitação

Refere-se ao preço baseado em expectativas de como os concorrentes determinarão seus preços. Para estipular o preço, tem sentido para uma organização que participa de muitas licitações utilizar o lucro esperado.

Ainda quando do lançamento de novos produtos, as empresas podem adotar estratégias de preço com base na qualidade (Kotler, 2001), conforme você pode verificar no quadro a seguir.

Quadro 5.1 – Estratégias de preço × qualidade

	Preço alto	Preço Médio	Preço Baixo
Qualidade Alta	1. Preço *premium*	2. Alto valor	3. Supervalor
Qualidade Média	4. Preço excessivo	5. Valor médio	6. Valor bom
Qualidade Baixa	7. Assalto ao cliente	8. Falsa economia	9. Economia

Fonte: Kotler, 2001, p. 477.

Os preços 1, 5 e 9 são aqueles **compatíveis com a qualidade e considerados justos pelos clientes**, que estão divididos em três segmentos – os que valorizam qualidade e estão dispostos a pagar por ela (1), os que buscam boa relação custo-benefício (5) e os que valorizam preços mais baixos (9). Já os preços 2, 3 e 6 são produtos que **oferecem mais pelo mesmo preço**, geralmente adotados por concorrentes que querem atacar aqueles que optaram pelos posicionamentos do item anterior. A adoção das estratégias de preço 4, 7 e 8 leva ao **não atendimento da percepção de valor adequado do consumidor**, podendo gerar descontentamento e reações negativas ao longo do tempo, quando a qualidade será testada (Paixão, 2011).

Ponto de venda

A distribuição ou ponto de venda trata da disponibilidade de estoque, da armazenagem, da logística interna necessária, da escolha dos melhores pontos de venda e dos canais de distribuição e transporte, bem como do relacionamento com esses canais. De acordo com Cavanha (2001, p. 28), "É o produto certo, no lugar certo, no momento certo, ao menor custo". Essa diferenciação competitiva está ligada ao nível de serviço, ou seja, ao modo como a empresa coloca o produto à disposição do cliente.

Na indústria, o ponto de venda trata da logística de distribuição e armazenagem, da falta de produtos nas lojas e do *lead-time* (tempo de entrega para os Centros de Distribuição – CDs – e para os pontos de venda), ou seja, **é preciso decidir sobre a melhor maneira de estocar e movimentar produtos e serviços em seus mercados de destino.** A distribuição envolve planejamento, implementação e controle dos fluxos físicos de materiais e bens finais – do ponto de origem ao ponto de uso – com o intuito de atender às exigências do consumidor.

> A eficácia da distribuição tem grande impacto no processo de satisfação do consumidor e sobre seus custos. A distribuição será eficaz quando a empresa processar os pedidos com agilidade, apresentar uma boa rede de armazenagem e níveis de estoques compatíveis com a demanda e em sintonia com a rede de varejo (lojas, lojas especializadas, magazines) e/ou de atacado (grandes distribuidores).

Nesse sentido, percebemos que quatro importantes decisões devem ser tomadas em relação à logística de mercado:

1. **Como lidar com os pedidos**: Período que compreende o recebimento, a entrega e o pagamento do pedido.
2. **Onde os estoques devem ser mantidos**: Com o objetivo de que a entrega dos produtos seja a mais rápida possível.
3. **Qual o nível de estoque que deve ser mantido**: O custo de estoque aumenta à medida que o nível de serviços ao cliente se aproxima de 100%.
4. **Como os produtos devem ser despachados**: São cinco os meios de transporte disponíveis: ferroviário, aéreo, rodoviário, marítimo (ou fluvial) e dutoviário (ou por tubulações). Qualquer uma dessas opções afeta o preço dos produtos, a pontualidade da entrega e as condições dos produtos ao chegarem ao seu destino.

No varejo, o ponto de venda trata do ambiente físico, dos equipamentos utilizados, da tecnologia envolvida e da adequação desses elementos às necessidades dos clientes (Rabaça; Barbosa, 1996). O visual da fachada, uma boa iluminação, o interior das lojas, a disposição das gôndolas e prateleiras, a circulação e a comunicação visual podem despertar o desejo dos consumidores de comprar determinados produtos e serviços. Cobra (1991) diz que a comunicação visual envolve embalagens, organização interna e externa das lojas, disposição de cores e intensidade de luz. Assim, **é o conjunto de atividades de design** que proporciona formas condizentes à proposta da empresa, gerando uma identidade visual.

Perguntas e respostas

O que são *lojas especializadas*?
São lojas cujo foco está na comercialização de determinada linha de produto ou serviço.

O que são *magazines*?
Lojas que expõem e vendem grande variedade de mercadorias organizadas em seções ou departamentos.

O que é *identidade visual*?
É o conjunto de elementos que vão representar a empresa visualmente, reunindo logotipo, símbolos, cores, arranjos gráficos e físicos que oferecem um padrão visual à organização, consolidando a marca ou produto.

Comunicação integrada

A comunicação integrada de marketing e promoção aborda a comunicação da empresa com seus mercados. Deve haver uma comunicação do novo produto ou serviço por meio da qual, com o auxílio de uma agência de propaganda, possam ser analisadas as melhores ferramentas a serem utilizadas, avaliadas as mídias atuais e buscadas novas alternativas. São ações fundamentais para esse fim: avaliar as melhores agências, levantar custo *versus* retorno, realizar pesquisas, **avaliar os resultados das campanhas** e o retorno financeiro e de imagem (institucional). Na sequência, veremos quais são as ferramentas de comunicação.

Propaganda

A propaganda é a principal forma de venda em massa (McCarthy; Perreault Junior, 1997). As mídias que compõem a propaganda são a televisão, o rádio, o jornal, a revista, o cinema e o *outdoor*, das quais se faz interessante para nosso estudo destacar as seguintes características:

» **Televisão**: Mídia audiovisual que atinge a todos os segmentos de público. Com apelos emocionais e racionais, dita moda e comportamento. Tem flexibilidade geográfica e um alto e rápido alcance do público.

» **Rádio**: Com linguagem íntima e local, traz forte apelo à imaginação do público. Apresenta cobertura regional, baixo alcance por emissora e audiência pulverizada, além de propiciar frequência de exposição.

» **Jornal**: Mídia seletiva, de impacto informativo, imediatista e perecível. Concentração de classe ABC.

» **Revista**: Com mídia dirigida e seletiva, apresenta impacto informativo menos perecível do que o jornal. Concentração de classe AB.

» **Cinema**: De presença urbana, concentra o público jovem de classe AB. De baixo a lento alcance, possui alto impacto devido ao nível de atenção e ao envolvimento emocional que proporciona.

» *Outdoor*: É uma mídia compulsória, de característica urbana, que propicia alto nível de atenção. De alto impacto, necessita de mensagens objetivas, pois tem caráter exclusivamente publicitário.

Relações públicas

As relações públicas representam o relacionamento e a comunicação entre a empresa e seus vários públicos. Incluem consumidores, fornecedores, acionistas, empregados, governo, público em geral e sociedade na qual a empresa opera (Boone; Kurtz, 1998).

É uma atividade que busca influenciar a opinião pública em favor da instituição e de seus produtos e serviços. É responsável pelo acompanhamento da imagem empresarial – por essa razão, os veículos de comunicação são essenciais em suas estratégias, pois exercem forte influência sobre pensamentos e opiniões das pessoas. As ações são efetivadas por meio de *releases*, *press kit*, assessoria de imprensa, patrocínio de eventos, coletivas de imprensa etc.

Promoção de vendas

A promoção de vendas reúne ferramentas de incentivo, como cuponagem, sorteios, brindes, "leve 3, pague 2", entre outras. É um conjunto de técnicas e atividades utilizadas para estimular a venda de produtos e serviços, cujo objetivo é estimular a compra mais rápida (Kotler, 2001). Pode ser dirigida tanto ao consumidor quanto ao fornecedor ou à força de vendas. Inclui recursos como:

- » distribuição de amostras grátis – *sampling* ou *blitz*;
- » promotorias em ponto de venda;
- » amarras de uma amostra do novo produto em outro produto da mesma linha;
- » parcerias com produtos não conflitantes e que favoreçam a introdução de valor ao seu produto novo;
- » preço promocional;
- » *"plus"* (um pouco mais de produto pelo mesmo preço);
- » vales-brinde;
- » prêmios, concursos;
- » descontos.

Merchandising

Segundo Las Casas (1998, p. 260), o *merchandising* "compreende um conjunto de operações táticas efetuadas no ponto de venda, com impacto visual adequado, e na exposição correta".

São operações de *merchandising*:

- » comunicação adequada nos lugares de venda;
- » amostragem e demonstração dos produtos no ponto de venda;
- » verificação da data de validade dos produtos;
- » observação dos níveis de estoque;
- » exposição e apresentação adequadas dos produtos;
- » verificação do estado do material no ponto de venda, entre outras.

Czinkota et al. (2001) mencionam que o *merchandising* inclui vários elementos, como cartazes, móbiles, placas, *banners*, reproduções plásticas, expositores, pôsteres, *displays* móveis, entre outros materiais. **É todo o esforço promocional feito nos pontos de venda com o objetivo de tornar determinado produto conhecido e, assim, aumentar as vendas.** Existem, ainda, várias outras ferramentas que podem ser utilizadas nessa comunicação, tais como disposição visual agradável; fácil acesso ao produto na gôndola ou na prateleira; faixas de gôndola; móbiles; balcões, quiosques; cartazes e bandeirolas; *display* especial para demonstração do produto novo em ponto de venda (PDV); degustação; promotorias para demonstração; *test drive*; entre outras.

Marketing direto

As ações de marketing direto geram integração entre a empresa e seu cliente. Porém, para isso é necessário que se tenha conhecimento de todos os clientes, a fim de criar relacionamentos – razão pela qual ele é trabalhoso e sua implementação é demorada. Esse marketing se dá via material impresso e/ou *telemarketing*.

Ao contrário da propaganda, que visa consumidores em massa, o marketing direto, de acordo com Czinkota et al. (2001), **demanda um banco de dados de clientes que armazena informações e gera perfis, para que a instituição possa desenvolver programas de comunicação individuais.** Vamos conhecer algumas ações de marketing direto:

- » *call centers*;
- » ações de cuponagem em campanhas promocionais para posterior envio de mala direta;
- » ações de marketing direto impresso (fôlderes, cupons, convites etc.) sobre *mailings* previamente selecionados e tratados;
- » ações de *telemarketing* ativo/receptivo para definição de perfis e abordagens complementares de agendamento ou venda;
- » ações via internet estimulando respostas (pesquisa, preenchimento de cadastro, compras);
- » elaboração e distribuição de catálogos de compra;
- » vendas por indicação (*cross selling*);
- » pesquisa permanente de satisfação de clientes;
- » envio de brindes de forma dirigida;
- » produção e envio de *newsletter* a clientes e *prospects*;
- » convites especiais para lançamentos, mostras e apresentações da empresa;
- » clubes de clientes/consumidores;
- » programas de milhagem;
- » programas de incentivo permanente;
- » programas de vantagens progressivas de forma geral.

Todas essas ações têm um único objetivo: estreitar relações entre a empresa e o consumidor, permitindo o melhor conhecimento das reais necessidades de clientes, para que se possa buscar uma melhoria contínua no atendimento prestado e na agregação de valores aos produtos oferecidos.

Força de vendas e *Trade Marketing*

A venda pessoal é a comunicação direta, o "cara a cara" entre vendedores e consumidores (McCarthy; Perreault Junior, 1997), na qual o vendedor procura influenciar o comprador. Ela é o elo entre a empresa e o cliente e deve ser usada para analisar os dados de venda, emitir relatórios e orientar os planos de marketing. **A venda pessoal é o elemento indispensável à comunicação integrada, pois o sistema funciona em torno do conceito de vendas.** Os vendedores devem estudar os clientes e conhecer suas necessidades, customizando a oferta e empregando os argumentos adequados à efetivação da venda.

A preparação das equipes de venda deve ser cuidadosamente elaborada, afinal, quando ocorre a venda de um produto, a imagem da organização está diretamente associada a seu desempenho e comportamento. No contexto mercadológico, a atividade de vendas tem um papel de vital importância. Além da necessidade de integração com as demais atividades de comercialização para atingir os objetivos empresariais, Las Casas (1998) afirma que o contato diário com os clientes da empresa é frequentemente feito por meio dos vendedores, que, mediante a comunicação pessoal, ajudam a construir a imagem que a empresa deseja projetar. O administrador de vendas deve ser uma pessoa versátil, com conhecimentos generalizados de marketing, que saiba aproveitar as oportunidades que se apresentam e se defender das ameaças que constantemente enfrenta.

Podemos definir *administração de vendas* como o planejamento, a direção e o controle de venda pessoal, incluindo recrutamento, seleção, treinamento, rotas, supervisão, pagamento e motivação (Las Casas, 1998). Com o crescimento do marketing, o Departamento de Vendas ocupa lugar de destaque nas organizações – razão pela qual a administração de vendas deve exigir maior especialização de seus profissionais.

O vendedor precisa conhecer as funções básicas do marketing, realizando análises do mercado e adaptando seu produto ou serviço às necessidades dos clientes. Deve saber como ativar as vendas, entender e conhecer o papel da propaganda, do *merchandising* e da promoção de vendas, a fim de maximizar seus resultados (Las Casas, 1998).

Mídias alternativas ou externas

São aquelas mídias que não se configuram tradicionalmente como um meio de divulgação tida como complementar ou de apoio à campanha. De localização estratégica, fixam a marca por meio do impacto visual e fazem parte da paisagem e do cotidiano das pessoas. Vejamos alguns exemplos:

» *busdoor*;
» placas indicativas de ruas;
» painéis em metrô/aeroporto/rodoviárias;
» *back lights – front lights*;
» painéis eletrônicos;
» carros de som.

Internet e mídias sociais

A internet é uma mídia que congrega milhões de consumidores com potencial de compra, sendo assim uma ótima oportunidade de divulgação e de vendas. **É a conjugação de todas as mídias, com cobertura local e global e baixos custos de produção e veiculação.** Além disso, é interativa e oferece imagem atual e tecnológica e maior opção de formatos. A comercialização, nesse caso, pode ser feita por meio de:

» *banners*: imagem animada com publicidade;
» *intersticiais*: páginas de anúncio apresentadas na tela sem que o usuário tenha pedido. *Pop-ups* são um tipo de *intersticial*;
» *websites*;
» *minisites*: páginas dentro de *sites* especializados.

Já as redes sociais, que têm influenciado o comportamento das pesssoas e mercados, estão cada vez mais presentes nas estratégias de comunicação das empresas. A divulgação de produtos ou serviços em redes sociais como *Facebook*, *Instagram*, *MySpace*, *LinkedIn*, *Twitter*, *Google+*, entre outras, dependendo do público-alvo da oferta, tem por objetivo criar um relacionamento com os consumidores, que passam a ser vistos como colaboradores nas inovações. Por esse motivo, as estratégias devem ser bem planejadas para que o consumidor possa dialogar com a marca e passar a ser influenciado por esse relacionamento em suas decisões de compra.

O *Facebook*, por exemplo, está em mais de 240 países e possui mais de um bilhão de usuários. No Brasil, mais de 54 milhões de pessoas estavam conectadas em 2012; um a cada quatro brasileiros possui um perfil, gerando comunidades colaborativas e um gigantesco poder de comunicação.

Trade Marketing

Se as empresas buscam se diferenciar e inovar, não deverão olhar apenas para os consumidores finais. É preciso também olhar para os varejistas, assumindo-os como essenciais à equipe de vendas. Esse conceito, chamado *Trade Marketing*, nasce como uma forma de orientação das atividades de marketing, visando à maximização do valor ofertado ao cliente e garantindo maior rentabilidade nas vendas. Tendo os revendedores como parceiros, a empresa garante sua estratégia de posicionamento (Miranda, 1997).

A adoção do *Trade Marketing* garante ações comerciais com o canal de distribuição focadas em grupos de clientes por meio da parceria entre a área de marketing e o Departamento Comercial da empresa, planejadas de forma a auxiliar o fechamento das metas. Os *trade marketers* são gestores com profundo conhecimento dos clientes, de marketing e de finanças, desenvolvendo ações como as relacionadas a seguir.

> » *Sell in*: venda dos produtos da indústria para os varejistas, na qual o departamento de marketing disponibiliza ao departamento comercial ferramentas mais agressivas de negociação.

> *Sell out*: venda dos produtos dos varejistas para o consumidor. O *Trade Marketing* tem o papel de desenvolver ações de ponto de venda (*merchandising*), executar eventos, treinar vendedores etc.

Fonte: Kotler, 2001.

Para o desenvolvimento de estratégias de *Trade Marketing*, Davies (1993) aponta alguns elementos a serem administrados:

» **Produto**: Buscar a diferenciação da oferta, auxiliando o varejista a garantir níveis de competição.

» **Preço**: Não focar as negociações no preço, mas sim no valor oferecido pela oferta.

» **Promoção**: Buscar construir uma imagem positiva da oferta.

» **Vendas**: Alocar *trade marketers* para os principais clientes.

» **Serviço**: Efetuar atendimento diferenciado para os varejistas.

» **Presença de mercado**: Otimizar a presença no ponto de venda.

» **Resultados**: Buscar obtê-los pela somatória dos resultados individuais mais as margens obtidas em cada cliente.

Pessoas

O plano deve conter estratégias de relacionamentos com seus públicos. **Para os clientes internos**, a elaboração de um programa de marketing interno auxilia a empresa na conquista do comprometimento de seus funcionários com a estratégia. **Em relação ao**

público externo, o plano de marketing deve estabelecer ações que visem à conquista, à manutenção e à fidelização do cliente. Para tanto, é necessária a existência de um banco de dados (ou *database*) com o cadastro de clientes e clientes potenciais, o qual permite a identificação dos mercados empresariais, bem como estabelece um meio de falar com estes. É um sistema automatizado usado para identificar clientes potenciais e retirar informações quantificáveis sobre eles. **Se a empresa não sabe quem são seus clientes, provavelmente também não sabe aonde vai.**

Perguntas e respostas

O que são *informações quantificáveis*?

São informações que podem ser medidas, como idade, sexo, renda, ocupação e grau de escolaridade.

Marketing interno

Para a criação de um programa de implantação do marketing interno, de acordo com Bekin (1995), as empresas devem se preocupar com alguns fatores indispensáveis, quais sejam:

> » **Treinamento**: Efetuado com base nas necessidades da empresa e de seus funcionários, deve ocorrer em todos os níveis e ser considerados investimento.
> » **Processos de seleção**: Estabelecimento do perfil desejado para cada cargo.
> » **Planos de carreira**: Preocupação com uma política de retenção.
> » **Motivação**: Reconhecimento e recompensa.

» **Comunicação interna:** Informações necessárias à consciência do cliente.
» **Conhecimento dos clientes internos.**

O primeiro passo para um planejamento em marketing interno é a pesquisa de clima organizacional, pois esse tipo de pesquisa visa identificar o clima existente entre os funcionários da organização. Deve abranger os seguintes fatores: satisfação no ambiente de trabalho, relação entre colegas e chefias, conflitos existentes em relação aos objetivos empresariais, ausência de comunicação entre os níveis e conhecimento da missão, da visão e das políticas empresariais.

A implantação de um programa de marketing interno envolve:

> O objetivo é conquistar o mercado interno para, então, lançar-se no mercado externo. Caso contrário, a cultura da organização pode entrar em conflito com os objetivos estratégicos.

» treinamento a partir das necessidades detectadas pela pesquisa de clima organizacional;
» programas de motivação, valorização e recompensa;
» rede de comunicação interna;
» reconhecimento pelo trabalho do funcionário e remuneração adequada – nem sempre é possível um aumento de remuneração, mas é possível oferecer ao funcionário uma recompensa mediante dias de folga, divulgação em quadro de avisos, menção em reuniões, enfim, aqui vale a criatividade;
» planos de carreira;

» administração participativa – dar a oportunidade aos funcionários de participarem das decisões da empresa.

Os meios convencionais de comunicação com funcionários envolvem circulares, quadro de avisos, manuais, boletins, jornais, revistas, eventos de confraternização e vídeos. Existem práticas mais modernas, como rádio-empresa, teatro-empresa, telejornal/vídeo jornal, correio eletrônico, *slogans*, intranet, criação de personagens, comunicação face a face etc.

Marketing de relacionamento

Sabemos que, para que uma empresa possa sobreviver, ela precisa de clientes. Com o grande aumento da concorrência, as instituições buscam a conquista e a fidelização desses indivíduos. Mas, para que isso aconteça, é preciso saber quem eles são, ou seja, conhecê-los.

> É necessário, então, que o plano de marketing estabeleça a criação de um *Database Marketing* (DBM) – um banco de dados que irá coletar, armazenar e utilizar as informações sobre mercado, produtos e consumidores. Esse banco de dados tem o objetivo de aumentar a eficiência da segmentação e a customização das ações de marketing, de modo a armazenar informação sobre clientes e *prospects*.

Após a implantação de um *database*, um *software* de gerenciamento das informações deve ser desenvolvido. Um exemplo é o **Customer Relationship Management (CRM)**, *software* que gerencia as interações entre a empresa e seus clientes e serve de apoio para alguns segmentos, tais como estratégias de marketing direto, inovação em produtos e serviços, identificação de segmentos significativos de mercado e auxílio profissional no reconhecimento e no acompanhamento de clientes de valor.

Plano de ação

O plano de ação deve descrever em detalhes todas as ações propostas, inclusive custos e resultados previstos, responsáveis por ações, datas, prazos etc. Consiste em uma tabela que identifica a atividade, como ela está sendo administrada, o seu desempenho e período, o custo estimado e quem será o responsável por ela.

Um exemplo de plano de ação é a Matriz 5W2H, um método que se constitui de sete perguntas, configurando-se como um *checklist* das atividades a serem desenvolvidas, funcionando como um mapeamento.

Quadro 5.2 – Matriz 5W2H

			Método dos 5W2H	
5W	What	O que?	Que ação será executada?	
	Who	Quem?	Quem irá executar a / participar da ação?	
	Where	Onde?	Onde será executada a ação?	
	When	Quando?	Quando a ação será executada?	
	Why	Por quê?	Por que a ação será executada?	
2H	How	Como?	Como será executada a ação?	
	How much	Quanto custa?	Quanto custa para executar a ação?	

Fonte: Adaptado de Seleme; Stadler, 2008, p. 40.

É importante lembrar que cada ação deverá ter um indicador, uma representação quantificável, um valor pretendido. Dessa forma, podemos montar nosso plano de ação da seguinte maneira:

Indicador						
O quê? (What)	Para quê? (Why)	Quem? (Who)	Quando? (When)	Onde? (Where)	Como? (How)	Quanto custa? (How Much)

Orçamento ou *budget*

No orçamento são definidas as vendas previstas, as despesas com marketing, as pesquisas de mercado, a comunicação etc. Para sua estruturação, de acordo com Ikeda e Sarquis (2003, p. 66), várias questões devem ser discutidas, como:

a. *Qual deve ser a amplitude do orçamento de despesas de marketing?*

b. *Quais os tipos e itens de despesas que compõem o orçamento de despesas de marketing?*

c. *Qual a abrangência e o formato de apresentação do orçamento de despesas de marketing?*

d. *Como devem ser contabilizadas as despesas de marketing?*

e. *Quem deve ser o responsável pela elaboração e aprovação do orçamento de despesas de marketing?*

f. *Qual o método utilizado para definição do montante de gastos de marketing e como distribuir a verba pelas diversas ferramentas/ atividades de marketing?*

g. *Como serão efetuados o controle e monitoramento do orçamento de despesas de marketing?*

Apresentamos, na figura a seguir, as despesas que fazem parte de um orçamento de marketing.

Figura 5.1 – Despesas de um orçamento de marketing

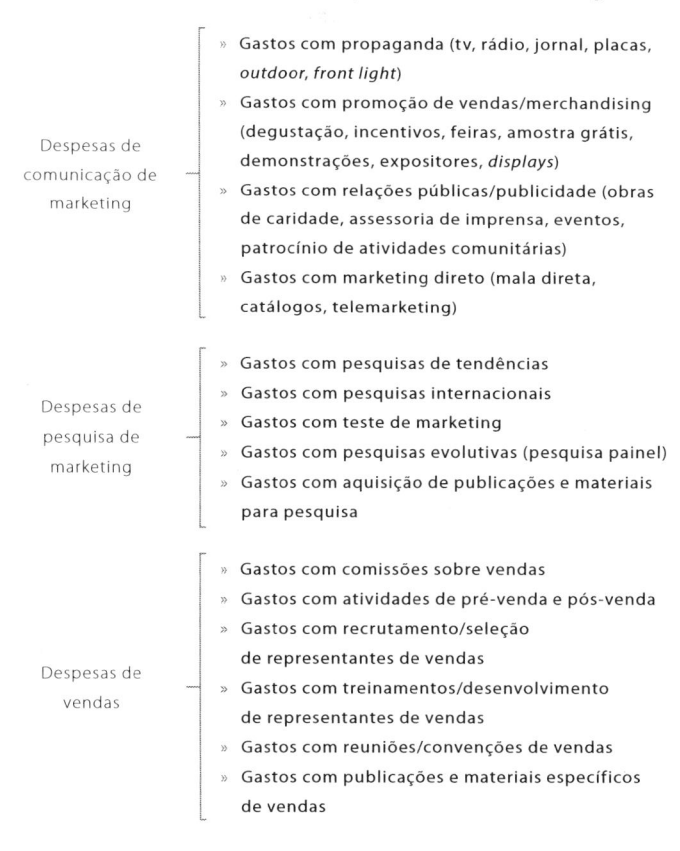

Despesas de comunicação de marketing
- » Gastos com propaganda (tv, rádio, jornal, placas, *outdoor, front light*)
- » Gastos com promoção de vendas/merchandising (degustação, incentivos, feiras, amostra grátis, demonstrações, expositores, *displays*)
- » Gastos com relações públicas/publicidade (obras de caridade, assessoria de imprensa, eventos, patrocínio de atividades comunitárias)
- » Gastos com marketing direto (mala direta, catálogos, telemarketing)

Despesas de pesquisa de marketing
- » Gastos com pesquisas de tendências
- » Gastos com pesquisas internacionais
- » Gastos com teste de marketing
- » Gastos com pesquisas evolutivas (pesquisa painel)
- » Gastos com aquisição de publicações e materiais para pesquisa

Despesas de vendas
- » Gastos com comissões sobre vendas
- » Gastos com atividades de pré-venda e pós-venda
- » Gastos com recrutamento/seleção de representantes de vendas
- » Gastos com treinamentos/desenvolvimento de representantes de vendas
- » Gastos com reuniões/convenções de vendas
- » Gastos com publicações e materiais específicos de vendas

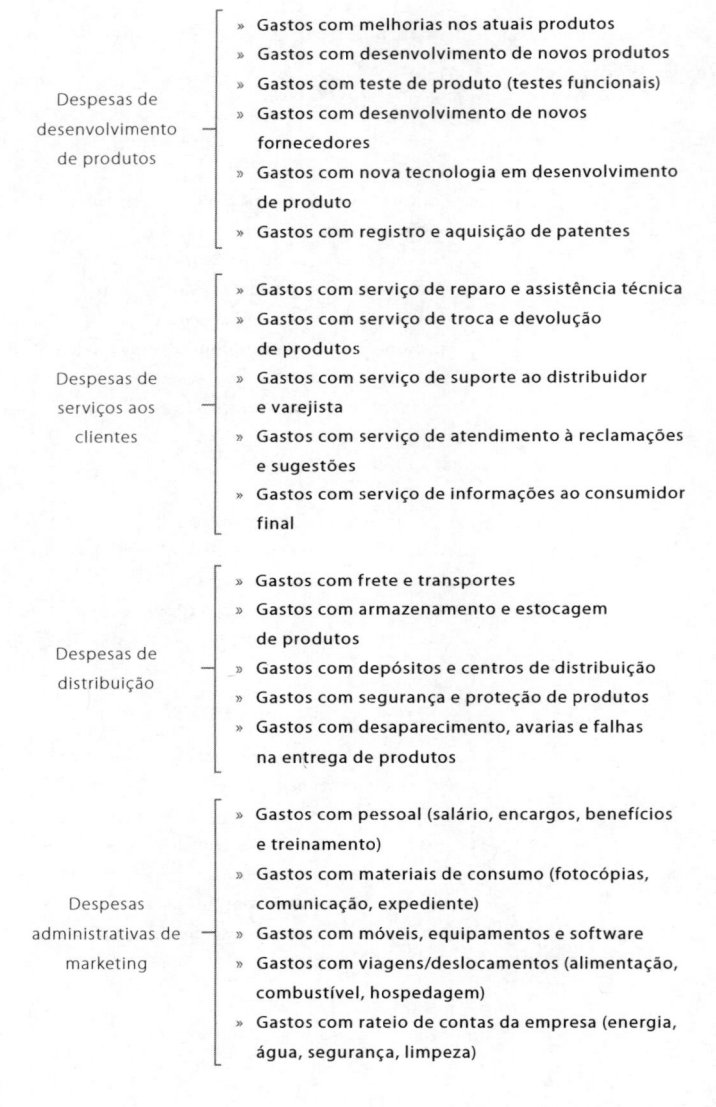

Despesas de desenvolvimento de produtos	» Gastos com melhorias nos atuais produtos » Gastos com desenvolvimento de novos produtos » Gastos com teste de produto (testes funcionais) » Gastos com desenvolvimento de novos fornecedores » Gastos com nova tecnologia em desenvolvimento de produto » Gastos com registro e aquisição de patentes
Despesas de serviços aos clientes	» Gastos com serviço de reparo e assistência técnica » Gastos com serviço de troca e devolução de produtos » Gastos com serviço de suporte ao distribuidor e varejista » Gastos com serviço de atendimento à reclamações e sugestões » Gastos com serviço de informações ao consumidor final
Despesas de distribuição	» Gastos com frete e transportes » Gastos com armazenamento e estocagem de produtos » Gastos com depósitos e centros de distribuição » Gastos com segurança e proteção de produtos » Gastos com desaparecimento, avarias e falhas na entrega de produtos
Despesas administrativas de marketing	» Gastos com pessoal (salário, encargos, benefícios e treinamento) » Gastos com materiais de consumo (fotocópias, comunicação, expediente) » Gastos com móveis, equipamentos e software » Gastos com viagens/deslocamentos (alimentação, combustível, hospedagem) » Gastos com rateio de contas da empresa (energia, água, segurança, limpeza)

Fonte: Ikeda; Sarquis, 2003, p. 68.

Como podemos observar, o orçamento ou *budget* consiste no controle dos investimentos que serão direcionados às ações de marketing.

Controle e acompanhamento

O acompanhamento do plano é essencial à sobrevivência das estratégias. Relatórios de desempenho interno, de vendas e de pesquisas de mercado devem ser elaborados de forma contínua, a fim de que haja um controle dos resultados obtidos e projeções possam ser feitas, para que seja possível comparar o realizado com o projetado.

Dessa forma, nessa fase do plano de marketing são determinados os indicadores: aquilo que deverá ser monitorado, avaliado e controlado. São muitos os indicadores que podem ser adotados:

» volume de vendas – relação entre as vendas projetadas e as vendas efetivas;
» aumento da base de clientes;
» participação de mercado (*market share*) – a fatia de mercado que o produto conquista em seu segmento em relação aos concorrentes;
» satisfação e retenção de clientes (número de reclamações e devoluções), a fim de analisar o grau de satisfação do cliente em relação à oferta;
» imagem da marca;
» relação das vendas *versus* despesas, para verificar se os esforços de investimentos estão de acordo com as vendas realizadas;

» lucratividade;
» receita em vendas;
» desempenho de vendas, medido pela comparação dos resultados das vendas com o potencial de mercado;
» retorno sobre os investimentos.

A qualquer sinal negativo, o plano deve ser revisto imediatamente e, a partir daí, devem ser estabelecidas novas medidas a serem tomadas.

Síntese

Neste capítulo, você pôde compreender que, para que uma nova oferta tenha sucesso no mercado, é preciso um planejamento de marketing. Diagnóstico, objetivos, metas e controle fazem parte de uma estratégia bem-sucedida, facilitando o monitoramento e aumentando a flexibilidade das ações ante as mudanças dos ambientes e determinando medidas corretivas.

Questões para revisão

1. Uma determinada indústria do ramo alimentício acaba de ampliar sua linha de produtos, passando a atuar em um segmento de preços mais baixos. Em que situações uma empresa pode tomar uma decisão dessas?

2. (Enade, 2003) Em suas atividades em uma grande empresa nacional, Mariana percebeu que havia perda de esforços ao se pulverizarem os negócios da empresa em diversas linhas de produtos e serviços. Para reverter essa situação organizacional, ela deverá definir:

a. uma estratégia de maior diversificação para melhorar o desempenho da empresa junto ao mercado.
b. os produtos e serviços para melhor atender seus clientes internos e motivá-los para o trabalho.
c. novos canais de comunicação para melhorar sua interação com o mercado.
d. o foco da empresa para estabelecer suas prioridades, considerando os produtos, serviços e clientes.
e. o foco da empresa para melhorar o marketing interno e as relações com a concorrência.

3. Quando uma determinada empresa decide introduzir um produto no mercado adotando a estratégia de *skimming* (desnatação de mercado), quais são seus objetivos de marketing?

4. (Prodeb – Companhia de Processamentos de Dados do Estado da Bahia, 2008) Sabe-se que o mercado atual é muito dinâmico e volátil e que dentro de um curto prazo de tempo muitos dos produtos que são consumidos atualmente serão substituídos por novos bens de consumo. As empresas devem constantemente refletir sobre essa realidade. Analisando por esse aspecto, qual das alternativas mais favorece essa tendência?
    a. As empresas estão preocupadas com a qualidade dos serviços oferecidos para o cliente.
    b. Observar e entender o mercado significa antecipar o planejamento das estratégias e, com isso, evitar surpresas desagradáveis.

c. Os países emergentes estão caminhando para o desenvolvimento econômico, o qual motiva o consumo de novos produtos.

d. A visão global por conta dos colaboradores de uma empresa são de suma importância para sua garantia no mercado.

e. O desenvolvimento de novos produtos é constante mediante o paradoxo do alto consumo.

5. (Prodeb – Companhia de Processamentos de Dados do Estado da Bahia, 2008) O posicionamento de mercado de uma empresa/produto é um fator decisivo para se entender sua repercussão no mercado. Uma falha interna de posicionamento pode gerar uma série de problemas e, até mesmo, comprometer seu *market share*. Com base nessas informações, qual das alternativas mais fortalece o conceito de *posicionamento de mercado*?

a. Visualizar o posicionamento é entender como o cliente enxerga a empresa/marca e seus concorrentes.

b. O posicionamento não se refere a fatores fidedignos para o desenvolvimento de estratégias de mercado.

c. Posicionamento é a quantia de mercados incomensuráveis ocupados por uma empresa.

d. Posicionamento é a região geográfica onde a empresa está localizada.

e. O posicionamento pode proporcionar vantagens paliativas no desenvolvimento de estratégias de *market share*.

Estudo de caso
Caso de sucesso: como o Veduca inovou no setor de educação online

Entre "trancos e barrancos". Essa é a expressão que explica um pouco a trajetória de sucesso do engenheiro aeronáutico Carlos Souza para fundar o Veduca, o primeiro site gratuito de vídeoaulas de grandes universidades do mundo, tudo na íntegra. "O propósito do Veduca é democratizar a educação de qualidade no Brasil e nos países emergentes com vídeoaulas das melhores universidades do mundo, de graça, na língua nativa, de forma contextualizada e com certificação", explica o empreendedor.

    A trajetória começou há muito tempo. Souza conta que sempre teve o sonho de trabalhar com algo que, não só tivesse lucro, mas que melhorasse a vida das pessoas. Apesar da formação de engenheiro, Souza enveredou pela área de marketing e, após trabalhar por nove anos na Procter e Gamble (P&G), teve um período "sabático" em 2011, no qual viajou para os Estados Unidos para estudar um modelo de negócios que estava "explodindo" lá fora, mas não havia chegado no Brasil ainda: o Open Course Ware, do Instituto de Tecnologia de Massachusetts (MIT, na sigla em inglês). O modelo que cresceu no mundo inteiro proporcionava conteúdo das maiores universidades do mundo pela internet, gratuitamente. "Olhei para isso e falei: 'é isso que precisa ser feito no Brasil'. Não tem nada parecido aqui. Precisamos muito de educação, é a causa de vários problemas que temos", relembra.

A ideia era mais do que ideal para Souza, já que ele vem de uma família de professores e se identificava com a causa de educação de qualidade. "Acho que todo mundo que quer empreender tem que ter um motivo pessoal muito grande, porque você vai encontrar uma série de desafios", opina.

Quando saiu da P&G, com mais três fundadores, os empreendedores montaram o plano do produto e começaram a estruturar a empresa. Foi recomendado que abrissem uma S.A., que tem muitos custos para divulgar as informações públicas, coisa que admite hoje: não era o melhor formato. E partiram para a primeira rodada de investimentos. "Tivemos 1, 2, 3, 4 'nãos'. Alguns dos meus sócios ficaram desanimados, mas dissemos 'vai dar certo. O Brasil precisa disso. Tem uma demanda'", conta Souza.

Com essa nova realidade, os sócios decidiram investir dinheiro próprio e lançar o site. Contrataram uma assessoria de imprensa e o Veduca entrou no ar em 1 de março de 2012. Para a surpresa de todos, o negócio "explodiu" e eles foram noticiados em vários veículos de grande circulação e também na TV. "Quando a primeira reportagem no Jornal da Globo saiu, foi um estouro. Nós arrancamos os cabelos, porque, obviamente, nós não estávamos preparados. Derrubou o servidor e tudo mais", ele brinca ao relembrar.

A mídia gerou visualização. Os sócios compareceram então ao TechCrunch Disrupt, um dos maiores eventos de tecnologia do mundo. Falaram da ideia, ela foi bem aceita, cresceu e o grupo voltou para o Brasil com um investimento total de R$ 1,5 milhão de quatro investidores estrangeiros, dois fundos de investimentos, um grupo de mídia e um investidor-anjo.

Isso possibilitou aumentar a equipe com gente qualificada, uma das maiores dificuldades que Souza diz ter enfrentado no Brasil. Em 14 meses (até maio deste ano), o Veduca já registrava 5.500 mil vídeoaulas das 16 principais universidades do mundo, mais de 70 mil usuários registrados em seu banco de dados e redes sociais, quase 2 milhões de visitas ao site e 1 milhão de visitantes únicos. E tudo isso com apenas 20% desse conteúdo em português, na época. [...]

Fonte: Manzini, 2013.

Para consultar o texto na íntegra, acesse:

MANZINI, G. Caso de sucesso: como o Veduca inovou no setor de educação online. **Pensando grande**, 28 jun. 2013. Disponível em: <http://www.pensandogrande.com.br/caso-de-sucesso-como-o-veduca-inovou-no-setor-de-educacao-online>. Acesso em: 10 jul. 2014.

Para refletir:

Com base no estudo desta obra, quais as competências e estratégias necessárias ao desenvolvimento da *Startup*? Qual tipo de inovação pode ser identificado nesse caso?

Consultando a legislação

A Fundação da Universidade Federal do Paraná (Funpar) elenca os principais incentivos à inovação vigentes no Brasil, a saber:

» Política de Desenvolvimento Produtivo – Ministério do Desenvolvimento, Indústria e Comércio (MDIC);
» Plano de Ação da Ciência, Tecnologia e Inovação – Ministério da Ciência e Tecnologia (MCT) – conhecido como *PAC da Ciência*;
» Lei do bem (Lei n. 11.196/2005);
» Lei Rouanet da Pesquisa (Lei n. 11.487/2007);
» Lei de Inovação (Lei n. 10.973/2004).

Para entender melhor do que trata cada um deles, acesse:

FUNPAR – Fundação da Universidade Federal do Paraná. **Principais incentivos à inovação vigentes no Brasil**. Disponível em: <http://www.funpar.ufpr.br/PUBLICO/inovacao/artigo_principais_incentivos_inova%E7%E3o.pdf>. Acesso em: 6 ago. 2014.

para concluir...

Estamos vivendo uma era de constantes mudanças, principalmente no que se refere ao consumo, o que demanda das organizações um adaptar contínuo às novas exigências dos consumidores. É preciso acompanhar esse ritmo acelerado, caso contrário, dificilmente uma empresa se manterá no mercado. Desenvolver e introduzir novas ofertas no mercado é um dos fatores que garantem a permanência das empresas. Dessa forma, um desempenho superior desse processo por meio de seu planejamento pode garantir a sustentação da competitividade da empresa (Gaither; Frazier, 2001). O Desenvolvimento de Novos Produtos (DNP) torna-se, assim, uma importante ferramenta para a gestão do portfólio de produtos de uma empresa.

Isso porque a inovação tem a capacidade de agregar valor aos produtos e serviços de uma empresa, promovendo a diferenciação, principalmente em mercados *commoditizados*. Novas ofertas ou melhorias nas atuais permitem que as empresas ganhem conhecimentos, aumentem suas receitas, acessem novos mercados, otimizem suas marcas, entre outras vantagens.

No entanto, a inovação de produto ou de serviço só é reconhecida como inovação quando é aceita pelo mercado. Por isso, é preciso um constante estudo dos mercados, a fim de encontrar novas tecnologias em produtos, além de constante capacitação de funcionário para inovação em serviços.

A introdução de um produto/serviço novo ou significativamente aprimorado no mercado – ou de uma inovação – não exige, necessariamente, grandes revoluções. Porém, as empresas devem estar atentas a fatores internos que podem impedi-las nesse processo. Cobra (2003, p. 196) cita a "inércia ativa" (continuar a insistir mesmo não estando bem), as rotinas, os processos enraizados, a burocracia, os relacionamentos e valores enrijecidos como fatores de bloqueio à inovação.

Inovação é o grande diferencial competitivo das empresas que possuem um posicionamento estratégico e que visam à oferta de produtos e serviços melhores do que seus concorrentes. É um processo contínuo de reinvenção do próprio negócio, rompendo e reconstruindo paradigmas todos os dias. Aqueles que não tiverem fôlego para essa jornada não sobreviverão.

referências

AAKER, D. *Building Strong Brands*. New York: Free Press, 1996.

ALENCAR, E. M. L. S. de. *A gerência da criatividade*. São Paulo: Makron Books, 1996.

ALENCAR, E. M. L. S. de; FLEITH, D. S. *Criatividade*: múltiplas perspectivas. Brasília: Ed. da UnB, 2003.

ANSOFF, H. I. *A nova estratégia empresarial*. São Paulo: Atlas, 1990.

BARBIERI, J. C.; SIMANTOB, M. A. *Organizações inovadoras sustentáveis*: uma reflexão sobre o futuro das organizações. São Paulo: Atlas, 2007.

BAXTER, M. *Projeto de produto*: guia prático para o desenvolvimento de novos produtos. São Paulo: E. Blücher, 1998.

BB – Banco do Brasil. Comércio exterior. *Exportação*. Disponível em: <http://www.bb.com.br/portalbb/page44,3389,2027,0,0,1,2.bb?codigoMenu=13199>. Acesso em: 28 jul. 2014.

BCG – Boston Consulting Group. Disponível em: <http://www.bcg.com>. Acesso em: 10 jul. 2014.

BEKIN, S. F. *Conversando sobre endomarketing*. São Paulo: Makron Books, 1995.

BERKOWITZ, E. N. et al. *Marketing*. Rio de Janeiro: LTC, 2000.

BETHLEM, A. S. *Gestão de negócios*: uma abordagem brasileira. Rio de Janeiro: Campus, 1999.

BLACKETT, T. *Trademarks*. London: Macmillan Business and Interbrand Press LTD, 1998.

BOONE, L. E.; KURTZ, D. L. *Marketing contemporâneo*. Rio de Janeiro: LTC, 1998.

BRAGA, R.; MONTEIRO, C. *Planejamento estratégico sistêmico para instituições de ensino*. São Paulo: Hoper, 2005.

BRAGA, S. B. *Competitividade*: alianças estratégicas e gerência internacional. São Paulo: Atlas, 1999.

BRASIL. Lei n. 8.078, de 11 de setembro de 1990. *Diário Oficial da União*, Poder Legislativo, Brasília, DF, 12 set. 1990. Disponível em: <http://www.planalto.gov.br/ccivil_03/leis/l8078.htm>. Acesso em: 30 maio 2014.

_____. Ministério da Saúde. Agência Nacional de Vigilância Sanitária. Resolução RDC n. 359, de 23 de dezembro de 2003a. *Diário Oficial da União*, Brasília, DF, 23 dez. 2003a. Disponível em: <http://www.abic.com.br/publique/media/CONS_leg_resolucao359-03.pdf>. Acesso em: 6 ago. 2014.

_____. Ministério da Saúde. Agência Nacional de Vigilância Sanitária. Resolução RDC n. 360, de 23 de dezembro de 2003b. *Diário Oficial da União*, Brasília, DF, 23 dez. 2003b. Disponível em: <http://portal.anvisa.gov.br/wps/wcm/connect/ec3966804ac02cf1962abfa337abae9d/Resolucao_RDC_n_360de_23_de_dezembro_de_2003.pdf?MOD=AJPERES>. Acesso em: 6 ago. 2014.

BRITTO, J. Cooperação interindustrial e redes de empresas. In: KUPFER, D.; HASENCLEVER, L. (Org.). *Economia industrial*: fundamentos teóricos e práticos no Brasil. Rio de Janeiro: Campus, 2002. p. 345-388.

BRUNO-FARIA, M. F.; ALENCAR, E. M. L. S. Estímulos e barreiras à criatividade no ambiente de trabalho. *Revista de Administração*, São Paulo, v. 31, n. 2, p. 50-61, abr./jun. 1996.

BUARQUE, S. C. *Metodologia e técnica de construção de cenários globais e regionais*. Texto para discussão n. 939. Brasília: IPEA, 2003.

CARNIER, L. R. *Marketing internacional para brasileiros*. 3. ed. São Paulo: Aduaneiras, 1996.

CAVANHA, A. O. *Logística*: novos modelos. Rio de Janeiro: Qualitymark, 2001.

CHRISTOPHER, M. *A logística do marketing*. São Paulo: Futura, 1999.

CHURCHILL JUNIOR, G. A.; PETER, J. P. *Marketing*: criando valor para o cliente. 2. ed. São Paulo: Saraiva, 2003.

CLANCY, K. J.; SHULMAN, R. S. *Mitos do marketing que estão matando seus negócios*. São Paulo: Makron Books, 1994.

COBRA, M. *Administração de marketing no Brasil*. São Paulo: Cobra, 2003.

_____. *Marketing básico*. 5. ed. São Paulo: Atlas, 1993.

_____. *Marketing competitivo*: uma abordagem estratégica. São Paulo: Atlas, 1991.

COOPER, R. G. Third-generation New Product Processes. *Journal of Product Innovation Management*, v. 11, n. 1, p. 3-14, jan. 1994.

CZINKOTA, M. R. et al. *Marketing*: as melhores práticas. Porto Alegre: Bookman, 2001.

DAVIES, G. I. *Trade Marketing Strategy*. London: Paul Chapman, 1993.

DAY, G. S. *Estratégia voltada para o mercado*: processos para a criação de valor dirigidos ao cliente. Rio de Janeiro: Record, 1990.

DIAS, A. L. *Reflexões e ações para a internacionalização da pequena empresa brasileira*. 81 f. Dissertação (Mestrado em Engenharia de Produção) – Universidade Federal de Santa Catarina, Florianópolis, 2002.

DONAIRE, D. *Gestão ambiental na empresa*. 2. ed. São Paulo: Atlas, 1999.

DRUCKER, P. F. *The Practice of Management*. New York: HarperCollins Publishers, 1968.

ENGEL, J. F.; BLACKWELL, R. D.; MINIARD, P. W. *Comportamento do consumidor*. 8. ed. Rio de Janeiro: LTC, 2000.

FERREL, O. C. et al. *Estratégia de marketing*. São Paulo: Atlas, 2000.

FINEP – Inovação e Pesquisa. Disponível em: <www.finep.gov.br>. Acesso em: 10 jul. 2014.

FUNPAR – Fundação da Universidade Federal do Paraná. *Principais incentivos à inovação vigentes no Brasil*. 2014. Disponível em: <http://www.funpar.ufpr.br/PUBLICO/inovacao/artigo_principais_incentivos_inova%E7%E3o.pdf>. Acesso em: 6 ago. 2014.

GAGLIARDI, G. *A arte da guerra*: a arte do marketing. São Paulo: M. Books do Brasil, 2008.

GAITHER, N.; FRAZIER, G. *Administração da produção e operações*. Tradução de José Carlos Barbosa dos Santos. São Paulo: Pioneira Thomson Learning, 2001.

GHEMAWAT, P. *A estratégia e o cenário dos negócios*: textos e casos. Porto Alegre: Bookman, 2000.

GRACIOSO, F. *Planejamento estratégico orientado para o mercado*. São Paulo: Atlas, 1990.

GREENBERG, P. *Customer Relationship Management na velocidade da luz*: conquista e lealdade de clientes em tempo real na Internet. Rio de Janeiro: Campus, 2001.

GRIFFIN, A.; PAGE, A. L. PDMA Success Measurement Project: Recommended Measures for Product Development Success and Failure. *Journal of Product Innovation Management*, Oxford, v. 13, n. 6, p. 478-496, nov. 1996.

GRÖNROOS, C. *Marketing*: gerenciamento e serviços – a competição por serviços na hora da verdade. Rio de Janeiro: Campus, 1995.

HOOLEY, G. J.; SAUNDERS, J. A.; PIERCY, N. *Estratégia de marketing e posicionamento competitivo*. 2. ed. São Paulo: Prentice Hall, 2001.

IBGE – Instituto Brasileiro de Geografia e Estatística. **Pesquisa anual de serviços – 2004**. Disponível em: <http://www.ibge.gov.br/home/estatistica/economia/comercioeservico/pas/pas2004/default.shtm>. Acesso em: 30 maio 2014.

IKEDA, A. A.; SARQUIS, A. B. Orçamento de despesas de Marketing: uma proposição de modelo aplicável à pequena empresa. *Alcance*, v. 9, n. 1, p. 63-112, jan./abr. 2003

INMETRO – Instituto Nacional de Metrologia, Qualidade e Tecnologia. **Barreiras técnicas**. Disponível em: <http://www.inmetro.gov.br/barreiras tecnicas>. Acesso em: 30 maio 2014.

INPI – Instituto Nacional da Propriedade Industrial. Disponível em: <http://www.inpi.gov.br>. Acesso em: 10 jul. 2014.

INSTITUTO ETHOS. Disponível em: <www.ethos.org.br>. Acesso em: 10 jul. 2014.

KAPLAN, R. S.; NORTON, D. P. *A estratégia em ação*: balanced scorecard. 4. ed. Rio de Janeiro: Campus, 1997.

KEEGAN, W. *Global Marketing Management*. 5. ed. New Jersey: Prentice-Hall, 1995.

_____. *Marketing global*. 7. ed. São Paulo: Prentice Hall, 2005.

KELLER, K. L. *Strategic Brand Management*. 3. ed. New Jersey: Prentice-Hall, 1998.

KOTABE, M.; HELSEN, K. *Administração de marketing global*. São Paulo: Atlas, 2000.

KOTLER, P. *Administração de marketing*: análise, planejamento, implementação e controle. 6. ed. São Paulo: Atlas, 2001.

KOTLER, P.; ARMSTRONG, G. *Princípios de marketing*. Tradução de Vera Whately. Rio de Janeiro: Prentice Hall, 1998.

KOTLER, P.; HAYES, T.; BLOOM, P. N. *Marketing de serviços profissionais*: estratégias inovadoras para impulsionar sua atividade, sua imagem e seus lucros. 2. ed. São Paulo: Manole, 2002.

LAS CASAS, A. L. *Marketing*: conceitos, exercícios, casos. 4. ed. São Paulo: Atlas, 1998.

LEITE, P. R. *Logística reversa*: meio ambiente e competitividade. São Paulo: Prentice Hall, 2003.

LEVITT, T. *A imaginação de marketing*. 2. ed. São Paulo: Atlas, 1990.

LILIEN, G. L.; RANGASWAMY, A. *Marketing Engineering*: Computer-assisted Marketing Analysis and Planning. 2. ed. New Jersey: Prentice Hall, 2002.

LOVELOCK, C.; WRIGHT, L. *Serviços*: marketing e gestão. São Paulo: Saraiva, 2001.

MANZINI, G. Caso de sucesso: como o Veduca inovou no setor de educação online. *Pensando grande*, 28 jun. 2013. Disponível em: <http://www.pensandogrande.com.br/caso-de-sucesso-como-o-veduca-inovou-no-setor-de-educacao-online>. Acesso em: 10 jul. 2014.

MCCARTHY, E. J. *Basic Marketing*: a Managerial Approach. Homewood: Irwin, 1960.

MCCARTHY, E. J.; PERREAULT JUNIOR, W. D. *Marketing essencial*: uma abordagem gerencial e global. São Paulo: Atlas, 1997.

MENDONÇA, C. F. de. Ambiente: 73% dos brasileiros pagariam mais por produtos sustentáveis. **Webdiário**, 19 nov. 2010. Disponível em: <webdiario. com.br/?din=view_noticiasE/id=50032E/ serach=73%%20dos%20brasileiros%20 pagariam%20mais>. Acesso em: 20 out. 2014.

MESTRINER, M. L. *O Estado entre a filantropia e a assistência social*. 2. ed. São Paulo: Cortez, 2001.

MIRANDA, R. L. *Marketing de varejo e alianças estratégicas com a indústria*. São Paulo: Qualitymark, 1997.

MONTGOMERY, C. A.; PORTER, M. E. *Estratégia*: a busca da vantagem competitiva. Rio de Janeiro: Campus, 1998.

MORALES, A. D. *Gestión por categorias y trade marketing*. Madrid: Pearson Education, 2000.

MOREIRA, A. C. O problema da coespecialização no desenvolvimento colaborativo de novos produtos. *Revista Produção*, v. 15, n. 1, p. 23-33, jan./ abr. 2005.

MORRIS, D.; BRANDON, J. *Reengenharia*: reestruturando sua empresa. Tradução de José Carlos B. dos Santos. São Paulo: Makron Books, 1994.

NICKELS, W. G.; WOOD, M. B. *Marketing*: relacionamentos, qualidade e valor. Rio de Janeiro: LTC, 1999.

OCDE – Organização para a Cooperação e Desenvolvimento Econômico. *Manual de Oslo*: proposta de diretrizes para coleta e interpretação de dados sobre inovação tecnológica. Brasília: OCDE, 2004.

OLIVEIRA, D. de P. R. *Planejamento estratégico*: conceitos, metodologia e práticas. São Paulo: Makron Books, 1996.

OSTERWALDER, A.; PIGNEUR, Y. *Business Model Generation*: A Handbook for Visionaries, Game Changers and Challengers. Hoboken, New Jersey: John Wiley and Sons, Inc., 2010.

PAIXÃO, M. V. *Pesquisa e planejamento de marketing e propaganda*. Curitiba: Ibpex, 2011.

PALADINI, E. P. *Qualidade total na prática*: implantação e avaliação de sistemas de qualidade total. 2. ed. São Paulo: Atlas, 1997.

PORTER, M. E. *A vantagem competitiva das nações*. Tradução de Waltensir Dutra. Rio de Janeiro: Campus, 1993.

_____. *Estratégia competitiva*: técnicas para análise de indústrias e da concorrência. 7. ed. Rio de Janeiro: Campus, 1986.

_____. *Estratégia competitiva*: técnicas para análise de indústrias e da concorrência. 2. ed. Rio de Janeiro: Elsevier, 2004.

PRAHALAD C. K.; HAMEL, G. *Competindo pelo futuro*: estratégias inovadoras para obter o controle do seu setor e criar os mercados de amanhã. Rio de Janeiro: Campus, 1995.

_____. A competência essencial da corporação. In: MONTGOMERY, C.; PORTER, M. E. *Estratégia*: a busca da vantagem competitiva. Rio de Janeiro: Campus, 1998. p. 293-316.

PROCON – Fundação de Proteção e Defesa do Consumidor. *Legislação Geral de Alimentos*. Portaria n. 42, de 14 de janeiro de 1998. 16 jan. 1998. Disponível em: <https://www.procon.sp.gov.br/texto.asp?id=362>. Acesso em: 30 maio 2014.

QUESTÕES de concursos. Disponível em: <http://www.questoesdeconcursos.com.br/home/public>. Acesso em: 10 jul. 2014.

RABAÇA, C. A.; BARBOSA, G. *Marketing*: segredos e estratégias. São Paulo: Saraiva, 1996.

RANDALL, G. *Trade Marketing Strategies*: the Partnership Between Manufacturers, Brands, and Retailers. 2. ed. Oxford: Butterworth Heinemann, 1994.

RICHERS, R. *Marketing*: uma visão brasileira. São Paulo: Negócio, 2000.

_____. *O que é marketing?* 7. ed. São Paulo: Brasiliense, 1985.

ROCHA, A. Por que as empresas exportam? Crítica às teorias sobre o comportamento exportador. *Revista de Administração*, São Paulo, v. 22, n. 4, p. 26-43, out./dez. 1987.

SABINO, M. H. Desenvolvimento sustentável e o novo marketing. *Revista Business School*, São Paulo, jul. 2011. Disponível em: <http://www.revistabsp.com.br/edicao-julho-2011/2011/07/27/desenvolvimento-sustentavel-e-o-novo-marketing>. Acesso em: 28 jul. 2014.

SCHULTZ, D. P.; SCHULTZ, S. E. *História da psicologia moderna*. 9. ed. São Paulo: Cultrix, 2000.

SCHUMPETER, J. A. *Ensaios*: empresários, inovação, ciclos de negócio e evolução do capitalismo. Lisboa: Celta, 1997.

_____. *Teoria do desenvolvimento econômico*: uma investigação sobre lucros, capital, crédito, juro e o ciclo econômico. São Paulo: Abril Cultural, 1982. (Coleção Os Economistas).

SELEME, R.; STADLER, H. *Controle da qualidade*: as ferramentas essenciais. Curitiba: Ibpex, 2008.

SILVA, A. C. T. *Inovação*: como criar ideias que geram resultados. Rio de Janeiro: Qualitymark, 2003.

SILVA, J. P. *Análise financeira das empresas*. 4. ed. São Paulo: Atlas, 1999.

TACHIZAWA, T. *Gestão ambiental e responsabilidade social corporativa*: estratégias de negócios focadas na realidade brasileira. São Paulo: Atlas, 2002.

URBAN, G. L.; HAUSER, J. R. *Design and Marketing of New Products*. 2. ed. New Jersey: Prentice Hall, 1993.

VIANNA, M. et al. *Design thinking*: inovação em negócios. Rio de Janeiro: MJV Press, 2012.

WECHSLER, S. M. *Criatividade*: descobrindo e encorajando. Campinas: Psy, 1993.

WIND, Y. *Product Policy*: Concepts, Methods, and Strategy. Menlo Park: Addison-Wesley, 1982.

YPÊ. *Produtos e embalagens amigos da natureza*. Disponível em: <http://www.ype.ind.br/compromisso/produtos-e-embalagens-amigos-da-natureza>. Acesso em: 28 jul. 2014.

respostas

capítulo 1

1. c
2. d
3. d
4. Inovação incremental de produtos tecnologicamente aprimorados.
5. O leitor poderá elencar todas as competências citadas no capítulo.

capítulo 2

1. c
2. b
3. a
4. II. Falsa. Os serviços são produzidos e consumidos ao mesmo tempo.
   IV. Falsa. Os serviços são altamente variáveis e os fatores que comprovam isso são a participação do cliente no processo e o fato de que os serviços geralmente são desempenhados por pessoas.
5. É chamada *individual* ou *nova marca*: um nome para cada produto da empresa. O objetivo é que cada produto seja uma marca única. Assim, um problema em um item do portfólio não afeta os demais. Além disso, essa estratégia pode otimizar o lançamento de novos produtos para diferentes segmentos com agilidade e rapidez.

capítulo 3

1. d
2. b

3. a
4. A estratégia genérica de economia de escala ou liderança em custo.
5. Segmentação de mercado.

capítulo 4

1. d
2. a
3. Embalagens com redução do consumo de matéria-prima, redução de fosfato, embalagens que possuem certificação FSC, amaciantes com redução de 80% no consumo de água durante o processo de fabricação e ausência de cola nos rótulos de amaciantes e multiusos.
4. Estratégia adotada pelas empresas que vincula a marca a uma imagem ecologicamente correta e consciente.
5. c

capítulo 5

1. Quando decide competir ou neutralizar um ou mais concorrentes no segmento de preços mais baixos.
2. d
3. A empresa precisa de margem para custear os investimentos em desenvolvimento e faltam-lhe recursos iniciais para promoção.
4. b
5. a

sobre a autora

Marcia Valéria Paixão é paranaense, nascida em Rolândia, mas reside em Curitiba desde 1991, onde iniciou sua carreira como analista de marketing. É doutora em Administração (2014) pela Universidade Positivo (UP), graduada em Administração de Empresas (2008) pela Associação Internacional de Educação Continuada – (Aiec) e mestre em Administração (2002) pela Pontifícia Universidade Católica de São Paulo (PUC-SP). Atualmente, é professora do Instituto Federal de Educação, Ciência e Tecnologia do Paraná (IFPR) e do Centro Universitário Uninter, além de coordenadora de cursos presenciais e a distância. Tem experiência na área de administração, com ênfase em mercadologia, atuando principalmente nos temas *empreendedorismo, estratégia* e *aprendizagem*.

Impressão: BSSCARD
Dezembro/2014